Matthias Kowalski

Früher in Rente und Ruhestand

Stiftung Warentest

Inhaltsverzeichnis

22

Lernen von den Super-Sparsamen: Welche Prinzipien des Frugalismus Sie für den frühen Ruhestand nutzen können.

94

In vielen Fällen lohnen sich Ausgleichszahlungen an die Deutsche Rentenversicherung, um Lücken auszugleichen.

34

Gründliche Bestandsaufnahme und vorausschauende Bedarfsermittlung sind unverzichtbar für die Ausstiegsplanung.

58

Mit individuellem Mix der privaten Geldanlage nach eigenem Bedürfnis Sicherheit und Renditemöglichkeiten steuern.

114

Mit oder ohne Abschläge früh raus aus dem Job: Unterschiedliche Wege führen zum Ziel.

Was wollen Sie wissen?

Früher aus dem Arbeitsleben auszusteigen, ist für viele ein lange gehegter Wunsch. Wann möchten Sie Ihrem Job „Adieu“ sagen: Bereits mit 45, eher mit 55 oder halten Sie bis 63 durch? Keine Sorge: Die dafür nötigen finanziellen Mittel lassen sich ansparen und die gesetzlichen Rentenzahlungen kann man ebenso erstaunlich leicht optimieren.

Wie kann ein sehr früher Ausstieg aus dem Job gelingen?

Der schnelle Aufbau eines Finanzpolsters für die Früh-Rente ab Alter 45 steht hier im Mittelpunkt: Starten Sie nach der Ausbildung rasch Ihre Karriere und legen Sie einen möglichst hohen Anteil des Einkommens für später zurück. Wie das funktioniert, erfahren Sie ab Seite 9. Wie viel Kapital Sie dazu benötigen, lesen Sie ab Seite 15.

Schneller in den Ruhestand gelangt man mit einer besonders sparsamen und konzentrierten Lebensweise, wie sie die Anhänger des Frugalismus praktizieren. Ihr Motto lautet „Konsum radikal reduzieren“ (ab Seite 17) und ihre vielfältigen Spar-Ideen enthalten gute Anregungen für alle, die früher aus dem Job aussteigen wollen – ganz unabhängig vom Alter.

Prüfen Sie, ob Sie sich über diese Variante mit einer gewissen Enthaltsamkeit und Fokussierung bei den Ausgaben einen früheren Ruhestand ermöglichen könnten. Stellen Sie sich dazu auf jeden Fall unserem Selbst-Check „Wie werde ich Frugalist oder Frugalistin?“ (S. 21).

Warum sollte ich schon früh an die Rente denken?

Ganz einfach: Damit Sie abschätzen können, was Sie später einmal erwartet und wo es sich lohnt, Lücken zu füllen. Denn je früher Sie beginnen, desto leichter wird es. Die gesetzliche Rentenkasse oder eine Betriebsrente sind offensichtliche Bausteine für die Ruhestandsfinanzierung. Doch sie lassen sich nur begrenzt für einen vorgezogenen Renten-Start nach eigenen Wünschen nutzen. Dabei gibt es so viel mehr Quellen, die sich für ein privates Ruhegeld sehr gut anzapfen lassen. Mehr dazu lesen Sie im Kapitel „Der gründliche Finanzcheck“ ab Seite 34.

Wie Sie dazu Ihr wichtiges gesetzliches Rentenkonto klären, beschreiben wir ab Seite 44. Und weil sich mit einem früheren Ruhestand meist viel an der Lebenssituation ändert, ermitteln wir mit Ihnen den passenden Bedarf für diesen neuen Lebensabschnitt ab Seite 46.

Welche Gründe bewegen mich, vorzeitig in den Ruhestand zu gehen?

Den Wunsch nach Selbstverwirklichung, mehr Zeit für Hobbys und Reisen oder gesundheitliche Gründe nennen Früher-Aussteiger besonders häufig als Veranlassung, jetzt ein neues Lebenskapitel aufschlagen zu wollen. Klären Sie mit unserem ausführlichen Motivations-Check (S. 32) vorab, welche wahren Gründe Sie bewegen, dem altbekannten Arbeitsleben den Rücken zu kehren, und ob ein früher Rentenbeginn tatsächlich das passende Mittel der Wahl ist. Immerhin handelt es sich bei dem Projekt ja nicht mehr um einen kurzen Urlaub von wenigen Wochen oder um einen zeitweiligen Ausstieg für ein paar Monate und danach läuft alles wie gehabt weiter. Sobald Sie Ihre Einstellung und Erwartung zum Früh-Ruhestand geklärt haben, werden Sie Ihr Ziel leichter erreichen.

Wie baue ich eine Privatrente auf?

Die Kombination macht´s: Sie nutzen vorhandenes Vermögen und sparen gleichzeitig zusätzliches Kapital an. Die gesetzliche Rente wird alleine nicht ausreichen. Wie sich ein dauerhaft sprudelnder Geldfluss starten lässt, erfahren Sie ab Seite 55. Dazu sollten Sie sich ruhig an die Börse trauen und längerfristige Sparpläne mit Aktien und ETF sinnvoll einsetzen (siehe Seite 58 ff.). Mit unserer „Pantoffel-Strategie" kombinieren Sie Chancen am Aktienmarkt mit einer sicheren Geldanlage samt Risikopuffer. Mehr dazu lesen Sie ab Seite 64. Und wenn Sie eine oder mehrere Immobilien besitzen, dann erklären wir, wie diese sich ebenfalls als Quellen für eine regelmäßige Rentenzahlung anzapfen lassen – während Sie weiterhin darin wohnen bleiben (siehe Seite 64 ff.).

Wie fülle ich Rentenlücken?

Zusätzliche Zahlungen in die gesetzliche Rentenkasse können sich lohnen und eine gute Rendite abwerfen. Bis Mitte 40 haben Sie zum ersten Mal Gelegenheit, solche Lücken in Ihrem Rentenkonto aufzufüllen, danach können Sie sich meist bis zum Start der Rentenauszahlung etwas mehr Zeit lassen. Warum sich diese Nachzahlungen und zusätzlichen Einzahlungen in den meisten Fällen rentieren und wie einfach das funktioniert, lesen Sie ab Seite 94. Der Staat lässt Sie dabei netterweise nicht alleine, sondern garniert Ihr Engagement überdies mit Extra-Prämien (z. B. bei Riester-Renten) sowie mit Steuervorteilen (z. B. bei Rürup-Renten). Mit unseren Musterrechnungen können Sie klar ablesen, in welche Fällen sich die Zahlungen lohnen (siehe Kapitel „Steuervorteile kassieren: So hilft das Finanzamt", Seite 107 ff.). Wäre doch schade, wenn Sie diesen zusätzlichen Renten-Turbo verpassten!

Wie funktioniert die Altersteilzeit?

Sie bietet einen besonders sanften Einstieg in den Ruhestand. Dabei bleiben Sie Ihrem Job und den Kollegen noch für eine absehbare Zeitspanne verbunden und genießen auch in der Auszeit die Vorteile einer vollen sozialen Absicherung. Ab Mitte 50 sollten Sie idealerweise mit den Vorbereitungen für die Altersteilzeit beginnen und die Weichen stellen. Wir erläutern, welche Schritte dafür beim Arbeitgeber notwendig sind (siehe Seite 84) und welche beiden Modelle der Altersteilzeit zur Verfügung stehen (siehe Seite 88). Einmal zeigen wir, wie Sie Ihren früheren Rentenstart in einem Block ansparen. In der zweiten Variante senken Sie Ihre Arbeitszeit dauerhaft ab und konzentrieren den Job zum Beispiel auf wenige Tage in der Woche oder auf ein paar Stunden täglich. Die Details lesen Sie dazu im Kapitel „Früher Abgang, weniger arbeiten: Diese Vorteile bietet die Altersteilzeit", Seite 86 ff.

Mit oder ohne Abschlag früher in Rente: Wie geht das?

Die vorgezogene Rente mit 63 ermöglicht es vielen, ein paar Jahre früher den Ruhestand zu genießen. Nur: Auf diese Idee sollten Sie nicht erst kurz vor dem 63. Geburtstag kommen, sondern möglichst ab 50 mit den Vorbereitungen beginnen (siehe Seite 114). Eine wichtige Voraussetzung sind die dafür nötigen Zeiten in der gesetzlichen Rentenversicherung. Wie Sie diese für sich einfach ausrechnen, erläutern wir ab Seite 115. Für die frühe Rente müssen Sie meist einen Abschlag hinnehmen. Ob sich Ausgleichszahlungen lohnen, zeigen unsere Muster-Kalkulationen ab Seite 129. Sie haben sogar die Chance, die frühe Rente ohne Abschläge zu kassieren, wenn Sie es auf lange Versicherungszeiten in der Rentenkasse bringen. Was Sie dabei beachten sollten, lesen Sie ab Seite 120.

In Rente mit 45: So geht das!

Das Ziel, deutlich vor dem gesetzlichen Rentenalter aus dem Berufsleben auszuscheiden und mehr Freiheiten zu genießen, ist heute für viele erreichbar. Sie benötigen dazu einen klugen Plan für Ihre Finanzen und Ihre Karriere – sowie etwas Disziplin.

Die Sehnsucht nach einem frühen Ausstieg aus dem Job kann zahlreiche Gründe haben: Lust auf lange Reisen, ebenso der Wunsch, neue Fähigkeiten zu erlernen oder sich für einen alternativen Lebensentwurf zu entscheiden. Zwei Aspekte stechen dabei immer wieder heraus: Solche „Sehr-Früh-Rentner" wollen der eigenen geistigen und körperlichen Erschöpfung durch Beruf und Routinen entgehen oder ihr mit einem konkreten Ausstiegsdatum von vornherein ein Ende setzen. Beides ist nachvollziehbar, denn das Leben hat so viel mehr zu bieten.

Egal, ob Sie sich für einen sehr frühen Ruhestand im jungen Alter mit 45, etwas später mit 55 oder ab 63 interessieren – dieser Ratgeber soll Ihnen die Wege dorthin skizzieren. Die Anforderungen, um diese drei definierten Ausstiegszeitpunkte zu erreichen, unterscheiden sich. Dennoch sind bis zu diesen drei Geburtstagen jeweils wesentliche Stichtagsregelungen zu beachten, die den Rentenstart erleichtern. Aber keine Sorge: Die Altersgrenzen bleiben fließend. Falls Sie Ihre Vorbereitungen bis 45 nicht schaffen, dann gilt unser Rat auch für einen Ausstieg erst mit 48 oder später.

Der erste hier vorgestellte Zeitpunkt zum Ausstieg mit 45 stellt dabei eine wichtige Wegmarke dar: 20-Jährige haben zu Beginn ihrer Planungen mit den folgenden 25 Jahren noch ausreichend Zeit, um ihre Vorbereitungen für einen solchen Ausstieg umzusetzen. Eigene Kinder sind dann oft flügge, und es bleibt mehr Zeit, für sich selbst zu sorgen. Die Idee einer sehr frühen Rente mit 45 folgt der Überlegung, sich spätestens ab der Lebensmitte schwerpunktmäßig um eigene Interessen zu kümmern.

Das passende Konzept dazu basiert im Wesentlichen auf zwei Planungen:

- Wie können Sie ausreichend Einkommen generieren?
- Wie halten Sie Ihre Ausgaben im Zaum?

Beide Fragen werden tief in Ihr Alltagsleben eingreifen, falls Sie nicht große Vermögen erben oder hohe Lottogewinne einstreichen. Hinzu kommt der Zeitfaktor, denn bis 45 sollten Sie viel von jenem Privatvermögen aufgebaut haben, von dem Sie später leben können.

Zwischen Turbo-Karriere und Bescheidenheit

Das Konzept der frühen finanziellen Unabhängigkeit setzt an zwei Punkten an: hoher Verdienst und niedrige Ausgaben. Der Erfolg ist am größten, wenn man beide kombiniert.

Welch verlockende Aussicht: Nur noch zehn oder 20 Jahre arbeiten statt 40. Und dann die restliche Lebenszeit mit der selbst gewählten „Sehr-Früh-Rente“ genießen. Frugalisten nennen sich die Anhänger dieses Ziels, und die Bedeutung des lateinischen Wortstamms „frugalis“ ist auch ihr Programm: Einfach, sparsam, genügsam und bescheiden wollen sie leben. Sie versuchen, mit 40 oder 45 in Rente zu gehen, ohne noch nebenbei arbeiten zu müssen. Spätestens ab diesem Zeitpunkt soll ihr aufgebautes Vermögen aus der Ansparphase ausreichen, um damit auskommen zu können (siehe Grafik rechts). Ein weiteres Gehalt brauchen sie dann in der Entnahmephase nicht mehr.

Der erste Aspekt und die Voraussetzung, um überhaupt mit dem Sparen beginnen zu können, ist zunächst ein ausreichendes Gehalt. Von einem niedrigen Einkommen wird man folglich auch lediglich geringe Beträge zurücklegen können. Von 1000 Euro Monatsgehalt netto beispielsweise noch 30 oder 50 Prozent sparen zu wollen, dürfte beinahe jeden Menschen überfordern.

Ein Mindesteinkommen ist also für diesen Weg in die Rente Bedingung. Ein etwas niedrigeres Einstiegsgehalt vor allem zum Berufsstart muss dabei niemanden verunsichern, es sollten jedoch schon bald weitere Gehaltssprünge erreichbar sein, um die Einkommensleiter emporzusteigen. Also hängt der Erfolg eines sehr frühen Renteneintritts auch stark von dem zuvor gewählten Beruf, den Aufstiegschancen sowie der Branche ab.

Vermögensaufbau für die Sehr-Früh-Rentner

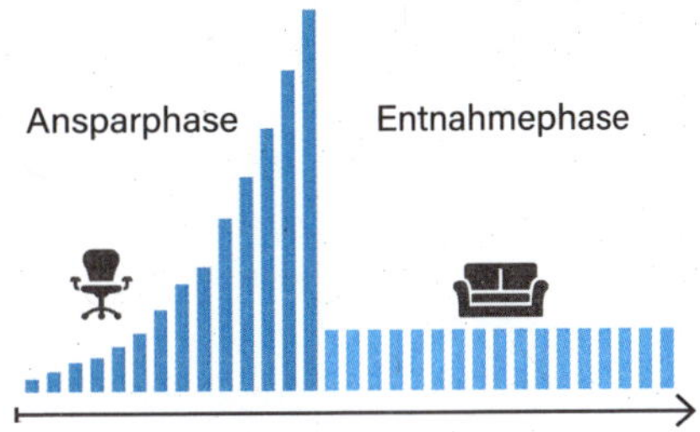

Quelle: zinsen-kreditrechner.de

> **Frugalismus bezeichnet einen Lebensstil der Sparsamkeit (= frz. frugal), um einen frühen Renteneintritt zu erreichen.**

Von 2500 bis 3000 Euro Gehalt monatlich netto schaffen es bereits viele disziplinierte Sparerinnen und Sparer, regelmäßig 1000 oder gar 1500 Euro beiseitezulegen. Eine Regel für Frugalisten besagt: Man benötigt ein Arbeitseinkommen, von dem man rund 30 Prozent abzweigen und für ein Investment verwenden kann. Besonders Eifrige schaffen es sogar, von ihren Einkünften konsequent 70 bis 80 Prozent beiseitezulegen.

Der zweite Aspekt des Frugalismus ist Enthaltsamkeit mit klar begrenzten Ausgaben. Weit verbreitet sind Einschränkungen wie zum Beispiel

- der weitgehende Verzicht auf ein privates Fahrzeug, auf Urlaub und Reisen, kostspielige Freizeitaktivitäten sowie Hobbys,
- der Verzicht auf Statussymbole und konventionelle Luxusgüter,
- die Bereitschaft, den Lebensstandard anzupassen, beispielsweise die Wohnkosten zu senken, selber zu kochen, statt auswärts zu essen.

Die eigentliche Herausforderung besteht darin, die notwendigen Entbehrungen in der Ansparphase dauerhaft für die erwarteten Freiheiten in der Rentenphase bewusst in Kauf nehmen zu wollen. Nur wenige werden ihren Lebensstil schnell radikal ändern und sofort in Bescheidenheit leben können. Deshalb schaffen sich Frugalisten häufig gleich zu Beginn Experimentierfelder, um sich auf die neue Lebensphase der Sparsamkeit vorzubereiten und einzustimmen:

- **Eigene Prioritäten klären.** Was ist wichtig, auf was kann man verzichten? Probieren Sie aus, wie lange Sie ohne lieb gewordene Kostenfaktoren (etwa ein eigenes Auto) auskommen können.
- **Kalkulieren Sie zukünftige Entbehrungen und deren Folgen ein.** Wie reagieren Ihre Freunde, wenn Sie an einem kostspieligen Theaterabend nicht teilnehmen?
- **Reflektieren Sie Ihren Konsum.** Was kaufen Sie eher impulsgesteuert (weil es vielleicht gerade im Angebot ist), was kaufen Sie bewusst?

Frugalismus bezeichnet einen Lebensstil der Sparsamkeit (= frz. frugal), um einen frühen Renteneintritt zu erreichen. Die Grundlagen dazu reichen bis ins 5. Jh. v. Chr. zum Kynismus mit dem griechischen Philosophen Antisthenes und seinem Schüler Diogenes zurück. Vor allem in den USA und in Europa entstand nach der Finanzkrise von 2007 eine neue Szene mit Tausenden Anhängern, die nach eigenem Bekunden „aus dem Hamsterrad der Arbeitswelt ausbrechen" und damit nicht bis zum regulären Rentenalter mit 67 wie in Deutschland warten wollen. Dafür bauen sie stattliche Vermögen auf, um bereits ab 40 finanziell unabhängig zu leben.

Die FIRE-Idee: Schnell hohe Einnahmen erzielen

Diese Frugalismus-Form kommt seit den 1990er-Jahren aus den USA und favorisiert „Financial Independence, Retire Early" (FIRE), also die finanzielle Unabhängigkeit bei früher Rente.

Sich finanziell frei fühlen – dieses Ziel passt natürlich besonders gut zu den USA: die Idee von einem möglichst unabhängigen Leben von anderen, also vor allem auch von Arbeitgebern (für Angestellte), Auftraggebern (für Selbstständige) und Jobzwängen. Diese Lebensphase soll möglichst kurz gehalten werden, um die Rentenphase entsprechend auszudehnen. Viele Freunde der FIRE-Bewegung berichten, dass sie jedoch nach ihrem Rentenbeginn nicht gänzlich untätig blieben, sondern sich nach ihrem Berufsausstieg andere Herausforderungen wie Ehrenämter suchten und oft ihre Konten mit Einkünften aus Zinsen und Mieten gefüllt haben. Der Drang, dies alles selbst regeln zu wollen, hat in Amerika eine entscheidende Triebfeder: Wer nichts unternimmt, steht im Alter mit leeren Händen da. Denn dort liegt die Verantwortung für ein Renteneinkommen zunächst bei jedem Bürger und jeder Bürgerin selbst. Der Staat lässt ihnen im Gegenzug dafür mehr netto vom brutto als in Deutschland, und das erhöht dort ebenfalls die Bereitschaft, für den gewünschten Rentenstart schon früh etwas zurückzulegen.

Ihre Einnahmen generieren die Fans der FIRE-Bewegung vor allem durch

- Arbeitseinkommen,
- Festgelder (siehe Seite 64),
- Tagesgelder (siehe Seite 64),
- ETF = Exchange Traded Funds (siehe Seite 58),
- Mieteinnahmen,
- Immobilienfonds/REIT (Real Estate Investment Trusts).

Die Formel zur Berechnung der eigenen erreichbaren Sparleistung lautet dann so:

Beispielkalkulation zur persönlichen Sparleistung (in Euro)

Monatliche Einnahmen	3 000
Monatliche Ausgaben Lebenshaltung	2 400
Mögliche monatliche Sparleistung (20 %)	**600**

Die Sparleistung definiert, wie lange Sie bis zum selbst gewählten Renteneintritt das Geld zurücklegen müssen.

Der andere Blickwinkel

Nur bis zum 45. Geburtstag dürfen Sie einige Lücken bei Ausbildungszeiten in der Rentenkasse auffüllen. Das betrifft das 16. und 17. Lebensjahr, falls Sie da eine Schule besucht haben. Und – soweit Sie ab dem 17. Lebensjahr eine Ausbildung absolviert haben, die länger als acht Jahre dauerte – auch Zeiten über das 25. Wiegenfest hinaus. Dazu beantragen Sie eine Kontenklärung bei der Deutschen Rentenversicherung (siehe Seite 44).

Damit wird klar: Nur mit einer konsequenten Sparrate, die deutlich über 25 Prozent und eher bei 50 Prozent liegt (siehe Tabelle unten), rückt das Ziel einer sehr frühen Rente ab Mitte 40 in greifbare Nähe. Die Erfahrungen zeigen, dass die Sparraten je nach veränderten Lebenssituationen (etwa wegen Jobwechsel, Kindern oder Umzug) schwanken können. Sie sollten jedoch stets in absehbarer Zeit wieder auf die Hälfte oder mehr ansteigen.

Anhänger des FIRE-Konzepts würden also sagen: Sie erreichen die Schwelle zur finanziellen Unabhängigkeit zum 45. Geburtstag, wenn Sie es ab 20 schaffen, von 3000 Euro monatlichen Einnahmen im Schnitt immer die Hälfte anzusparen.

Mehr sparen für den Ausstieg

Nur mit größeren Sparanteilen lässt sich der Job auch früh beenden.

Persönliche monatliche Sparrate in Prozent der Einnahmen	Dauer in Arbeitsjahren, bis 1 Jahr der Ausgaben für Lebenshaltung gedeckt sind	Dauer in Arbeitsjahren, bis das 25-Fache der jährlichen Ausgaben für Lebenshaltung gedeckt ist
10	9 Jahre	225 Jahre
25	3 Jahre	75 Jahre
50	1 Jahr	25 Jahre
75	4 Monate	6 Jahre, 4 Monate

Finanzielle Freiheit: Die 25er-Grenze beim Vermögen

Sobald man das 25-Fache seiner jährlichen Ausgaben für Lebenshaltung angespart hat, kann die Rentenphase starten. Doch diese Faustregel der Frugalisten braucht Risikopuffer.

Klares Sparziel – Frugalisten verfeinerten die Frage nach dem passenden Schwellenwert für einen Ausstieg aus dem Arbeitsleben: Wie groß muss die beiseitegelegte Summe sein, um sich daraus quasi selber eine regelmäßige Rentenzahlung zu ermöglichen, die noch dazu lebenslang ausreicht, ohne dabei pleitezugehen?

Dazu ist das 25-Fache der jährlichen Lebenshaltungskosten notwendig, lautet ihre Antwort. Hierbei berufen sie sich meist auf eine Studie der texanischen Trinity Universität (1998). Die Wissenschaftler Philip Cooley, Carl Hubbard und Daniel Walz untersuchten ein fiktives Geldvermögen über 70 Jahre hinweg von 1925 bis 1995, das je zur Hälfte in Aktien und Anleihen angelegt war. Sie wollten erfahren, wie viel man von seinem Geldvermögen jedes Jahr hätte ausgeben können, ohne innerhalb einer Zeitspanne von 30 Jahren dabei pleitezugehen. Innerhalb des Untersuchungszeitraums schauten sie sich alle möglichen 30-Jahres-Perioden an. Sogar im denkbar schlechtesten Fall konnte das Konzept überzeugen: Wer direkt vor dem steilen Absturz der Börsen 1929 seine Investition gestartet hätte, wäre zu keinem Zeitpunkt in einen Totalverlust geschlittert. Die einzige Bedingung lautete, dass alljährlich nur bis zu vier Prozent von der angesparten Summe für die Lebenshaltung verwendet werden durfte.

Die Idee einer Art „ewigen Rente" war geboren. Sobald ein Anleger 100 000 Euro hälftig auf Aktien und Anleihen aufteilt und ähnlich wie in der Trinity-Studie Renditen erzielbar sind, kann er über 30 Jahre lang jährlich 4 000 Euro ausgeben, ohne dass sein Vermögen komplett aufgezehrt wird.

Daraus leiten Frugalisten eine zentrale Schlussfolgerung ab: Wenn man von seinem anfänglichen Vermögen, ohne die Gefahr einer Pleite, jedes Jahr ein Fünfundzwanzigstel (vier Prozent) für Lebenshaltung verwenden darf, benötigt man im Umkehrschluss also das 25-Fache, um seine laufenden Kosten komplett und dauerhaft mit dem so Ersparten bestreiten zu können.

Natürlich gibt es berechtigte Kritik an diesem Konzept der 25er-Grenze. Zum einen ist die Dauer mit 30 Jahren Laufzeit möglicherweise zu kurz. Wer mit 45 in Rente gehen möchte, hätte bis zum Alter von 75 alles aufgebraucht. Da die Lebenserwartung in Deutschland heute darüber liegt (neugeborene Mädchen 83,4 Jahre; Jungen 78,6 Jahre), wäre das eigentlich zu knapp.

Andererseits steht fast allen Beschäftigten nach 25 Jahren Berufstätigkeit (zum Beispiel von 20 bis 45) in Deutschland eine gesetzliche Rente zu. Diese Zahlung startet regulär zwischen dem 65. und 67. Lebensjahr und könnte einen Teil der Lücke aus der 25er-Grenze ersetzen. Dank der staatlichen Rente müsste also weniger Geld aus dem Vermögen entnommen werden.

Ein wichtiger Punkt ist das unterschiedliche Abgabensystem in Deutschland: Die Trinity-Studie unterstellt keinerlei Steuerzahlungen, denn diese sind in den USA weiterhin sehr gering. In Deutschland können allerdings die Kapitalerträge wie Dividenden, Zinsen, Kursgewinne, Währungsgewinne und Fondsausschüttungen mit 25 Prozent Abgeltungsteuer belastet sein (bei 1000 Euro Freibetrag für Singles, 2000 Euro für Eheleute). Das betrifft wohlgemerkt jeweils nur die erwirtschafteten Erträge und nicht das gesamte aufgebaute Kapital.

Die 25er-Regel taugt dennoch als eine Richtschnur, um einen frühen Rentenstart zu planen: Denn es ist nicht so entscheidend, ob man exakt drei, vier oder fünf Prozent als jährliche Entnahme kalkuliert. Die angesparte Summe sollte allein ohne Verzinsung oder Rendite schon gut 20 Jahre halten – dann wäre der 45-jährige Sehr-Früh-Rentner immerhin bereits 65 und könnte ab dann zumindest mit einer kleinen gesetzlichen Rente rechnen.

Sparziel: 25er-Grenze

Je nach gewähltem Lebensstandard kommen große Summen zustande, um die „Sehr-Früh-Rente" zu finanzieren.

	Fall 1	Fall 2	Fall 3
Monatliche Lebenshaltungskosten	1000	1500	2000
Jährliche Lebenshaltungskosten	12000	18000	24000
Nötige Gesamtsumme nach 25er-Regel	300000	450000	600000

Konsum radikal reduzieren: Das Konzept des Frugalismus

Wer weniger ausgibt, hat mehr zum Investieren. Dieses Motto perfektionieren Frugalisten aus Leidenschaft. Wer das nicht schafft, erhält zumindest eine Reihe guter Sparanregungen.

Es geht auch günstiger. Die Anhänger einer enthaltsamen Lebensweise mit dem Ziel eines möglichst rasch erreichbaren Ruhestands sprühen oft nur so vor Sparideen. Vor allem Lebensmittel, Haushalt, Wohnen, Garten, Mobilität oder auch Hobbys stehen dabei im Fokus. Vieles erscheint sinnvoll, manche Vorschläge bringen unterm Strich jedoch wenig, weil sie mit vergleichsweise hohem Aufwand verbunden sind.

Die über Jahrzehnte entwickelten Sparfragen der Frugalisten erfassen viele Lebensbereiche. Hier eine Auswahl der wichtigsten Vorschläge.

Wohnen

- Brauchen Sie wirklich so viel Wohnfläche, wie Sie sie jetzt bewohnen?
- Können Sie in eine günstigere Region ziehen?
- Könnten Sie Wohnraum vermieten? Gegebenenfalls regelmäßig an Touristen? Oder anteilig nur ein Zimmer?
- Wäre es für Sie vorstellbar, mit anderen in ein Haus, in eine Wohnung zusammenzuziehen?
- Eine um ein Grad niedrigere Raumtemperatur senkt die Heizkosten bereits um sechs Prozent.

Haushalt

- Lieber (selber) reparieren als neu kaufen, zum Beispiel im Reparatur-Café.
- Besser ausleihen als selbst besitzen (Nachbarn, Leih-Börsen).
- Etwas gebraucht erwerben, statt neu anschaffen (Ausstellungsstücke, Kleinanzeigen, Flohmarkt).
- Lieber einmal pro Woche geplant einkaufen als öfters spontan. Das reduziert teure „Heißhunger"-Käufe.
- Besser abwarten: 30-Tage-Regel bei größeren Neuanschaffungen beachten. Vor allem auch beim Online-Shoppen. Erst nach dieser Frist entscheiden.
- Lieber einmal Dinge mit guter Qualität kaufen als zweimal Billigprodukte, die schnell kaputtgehen. Denn: Längere

Der andere Blickwinkel

Überraschende und praxiserprobte Ratschläge, die weit über cleveres Stromsparen hinausgehen, liefert „Das Spar-Set – Geld sparen im Alltag" der Stiftung Warentest sowie die laufend aktualisierten Online-Übersichten mit Produkttests zu besonders energieeffizienten Haushaltsgeräten unter test.de.

Haltbarkeit schlägt vermeintliche Schnäppchenpreise.

Lebensmittel & Essen

- Was können Sie selbst im Garten, auf dem Balkon an Gemüse, Kräutern oder Obst anbauen?
- Mehr selber kochen statt Fertiggerichte zu kaufen oder in die Kantine und ins Restaurant zu gehen.
- Ist der wöchentliche Restaurantbesuch wirklich nötig oder genügt er auch einmal im Monat, um etwas Besonderes zu bleiben?
- Jeden Tag einen Coffee-to-go für drei Euro? Hoppla, das sind ja fast 11000 Euro in zehn Jahren!
- Haben Sie schon einmal Foodsharing ausprobiert? Dabei soll Nahrung, die noch genießbar ist, Abnehmer finden (zum Beispiel: foodsharing.de oder die stark vergünstigten „Überraschungstüten" bei toogoodtogo.de).
- Reduzieren Sie Ihren Fleischkonsum. Das schont gleichermaßen die Umwelt und den Geldbeutel.

Mobilität & Reise

- Benötigen Sie ein eigenes Auto oder wäre auch Carsharing möglich?
- Fahren Sie mehr Fahrrad!
- Reisen Sie öfters in die nähere Umgebung anstatt zu Fernzielen.
- Übernachten Sie auf Reisen bei Privatleuten (etwa Airbnb, Wimdu, 9flats, couchsurfing) anstatt in Hotels.
- Planen Sie einen kostenlosen Urlaub durch Haustausch oder Wohnungstausch.

Technik & Verträge

- Kaufen Sie generalüberholte Modelle („refurbished"), das lohnt sich vor allem bei Mobiltelefonen, Tablets oder Laptops.
- Überprüfen Sie kostengünstigere Angebote bei laufenden Verträgen wie Strom, Gas, Handy, Telefon, Versicherungen oder Streaming-Diensten.
- Kapitallebensversicherungen werfen so gut wie nichts mehr an Erträgen ab. Bei Kündigungen können Sie allerdings noch mehr Geld verlieren, deshalb stellen Sie diese Verträge besser beitragsfrei und zahlen bis zum Laufzeitende nichts mehr ein.

- Zahlen Sie für Ihr Girokonto noch eine monatliche Gebühr? Das muss nicht sein. Die Stiftung Warentest zeigt, welche von den mehr als 400 Girokonten am besten sind: test.de/girokonto.

- Ebenso können Sie sich viele Hundert Euro Kosten für ein Wertpapierdepot bei gleicher Leistung sparen, wie dieser Finanztest-Vergleich es verdeutlicht: test.de/depotkosten.

Von Öko bis Selbermacher: Typen der Frugalisten

Bis heute entwickelten sich sehr verschiedene Ausprägungen von frugalen Lebensentwürfen. Bei längst nicht allen stehen dabei Sparsamkeit und früher Rentenbeginn im Vordergrund.

Anders leben – für Frugalisten ist dies eine sehr bewusste Entscheidung, um in Zukunft andere Schwerpunkte setzen zu können. Dabei nutzen sie teils philosophische oder politische Überzeugungen und verknüpfen diese mit ihren neuen Zielen.

FIRE-Frugalisten

Ihre Absicht ist es, mit der Strategie „Financial Independence, Retire Early“ (siehe auch Seite 13 ff.) möglichst viel Kapital anzusparen, das dann gewinnbringend angelegt werden kann. So soll ein früher Renteneintritt samt finanzieller Unabhängigkeit angestrebt werden. Sparquoten von 70 bis 80 Prozent ihres verfügbaren Einkommens bis zum Ziel schocken FIRE-Frugalisten nicht.

Öko-Frugalisten

Sie stellen vor allem auf die Art des Konsums mit all seinen schädlichen Nebenwirkungen ab:

Müll und Verschmutzung. Das beginnt bei weggeworfenen Lebensmitteln, reicht über Verpackungen bis hin zu unnötigen Retouren von bestellten Gütern, die nicht wieder aufbereitet, sondern vernichtet werden.

Neuanschaffungen hinterfragen Öko-Frugalisten besonders kritisch. Sie entscheiden sich in erster Linie aufgrund von Umweltaspekten für Enthaltsamkeit.

Ihr ökologischer Fußabdruck soll möglichst klein sein.

DIY-Frugalisten

DIY steht für Do-it-yourself, also für Selbermachen.

Diese Frugalisten legen sehr viel Wert auf Autarkie, sie leben gerne in selbst gebauten Häusern, nähen sich ihre Kleidung vorzugsweise eigenhändig und bauen in eigenen Gärten oder auf Äckern Obst, Getreide und Gemüse an.

In ihre Vorlieben mischt sich eine gewisse Absage an die digitale Welt sowie an die Wegwerfkultur. Sie möchten handwerklich arbeiten, dabei auch Traditionen oder überlieferte Fähigkeiten und Techniken am Leben erhalten und so Dingen auf den Grund gehen – zum Beispiel durch eigene Reparaturen.

Spirituelle Frugalisten

Bei diesem Typus tritt der persönliche Glaube in den Vordergrund und bestimmt auch stark das Ausgaben-Verhalten.

In vielen Religionen wie dem Christentum, dem Islam oder dem Buddhismus hat der Frugalismus einen festen Platz und hilft seinen Anhängerinnen und Anhängern, sich auf das Wesentliche zu konzentrieren. Zufriedenheit mit einer nur sehr begrenzten Anzahl an Gütern und Reichtümern ist das spirituelle Ziel.

Minimalistische Frugalisten

Minimalismus und Frugalismus sind wie Verwandte.

Minimalismus hinterfragt tiefer die eigenen Bedürfnisse, entwickelt dazu ein Wertesystem und darauf aufbauend dann einen Lebensstil. Nach dem Motto: „Das brauche ich wirklich und das nicht."

Minimalisten geht es offensichtlich nicht in erster Linie darum, schnell viel Geld zu sparen. Im günstigsten Fall verschafft ihnen ein Kauf ein höheres Maß an Zufriedenheit und sie sehen ihn im Einklang mit ihren persönlichen Werten.

FIRE-Frugalisten hingegen sind häufig dabei, sich und ihre Ausgaben zu optimieren, oder sie forschen ständig nach dem günstigsten Preis.

Beide Richtungen können sich gut ergänzen: Minimalistische Frugalisten erweitern ihr Ziel einer Sparsamkeit um die Aspekte eines bewusst geplanten Konsums.

Checkliste

Wie werde ich Frugalist oder Frugalistin?

- ☐ **Mit Freude sparen.** Können Sie für ein selbst gestecktes Ziel wie einen deutlich früheren Renteneintritt finanzielle Entbehrungen in Kauf nehmen, ohne dies als unerträgliche Einschränkung zu empfinden?
- ☐ **Mehr für später zurücklegen.** Schaffen Sie es, von Ihrem monatlichen Netto-Einkommen die Hälfte oder mehr für den Ruhestand zurückzulegen und zu investieren?
- ☐ **Sich selbst richtig einschätzen.** Für den Weg des Frugalismus sollten Sie sich nicht aus einer Laune heraus entscheiden. Testen Sie lieber eine längere Phase der Enthaltsamkeit, etwa im Urlaub, beim Jobwechsel oder während eines Sabbaticals. Kamen Sie damit gut klar?
- ☐ **Umfeld beachten.** Wie reagieren Ihre Freunde, Nachbarn und Bekannten, wenn Sie sich aus kostspieligen Gemeinschaftsveranstaltungen zurückziehen?
- ☐ **Durchhalten wollen.** Sind Sie darauf vorbereitet, über einen Zeitraum von 20 oder 25 Jahren die notwendigen Entbehrungen zu schultern und einen unerschütterlichen Sparwillen aufzubringen?
- ☐ **Mit Rückschlägen umgehen lernen.** Niemand ist vor unerwarteten Ereignissen oder Schicksalsschlägen gefeit. Wie sieht es dann mit Ihrem Plan B für die Rente aus? Ist Ihre Strategie flexibel genug, um derlei Rückschläge abzufedern?
- ☐ **Expertise entwickeln.** Wesentlicher Bestandteil des Frugalismus ist die Selbstoptimierung. Dies umfasst ein Controlling der Konsumausgaben und das Gestalten einer passenden Geldanlagestrategie. Sind Sie bereit, beides zu lernen und hierfür Zeit zu opfern?
- ☐ **Cool bleiben.** Ihre Geldanlagen wie Wertpapiere, Immobilien oder Rohstoffe werden über die Jahrzehnte des Vermögensaufbaus und in der Entnahmephase starken Schwankungen unterworfen sein. Machen Sie sich darauf zeitig gefasst. Können Sie ruhig bleiben, sobald Ihr Depot in die Verlustzone rutscht?

Die zehn wichtigsten Lehren des Frugalismus

Eine frühe Ruhestandsplanung fällt umso leichter, je eher man ganz bewusst und zielgerichtet Entscheidungen trifft.

Nicht jeder Mensch ist geeignet, einen konsequenten Minimalismus zu leben und seinen Alltag dauerhaft einfach oder bescheiden zu gestalten. Bevor Sie allerdings diese Option für sich persönlich verwerfen, lohnt es sich, einmal die grundlegenden Erkenntnisse aus den Formen der Enthaltsamkeit zu betrachten. Zum einen lassen sich daraus wichtige Impulse für Ihr Ziel eines früheren Rentenstarts ableiten. Zum anderen ist der Frugalismus mittlerweile mehrere Tausend Jahre alt und millionenfach auf der ganzen Welt erprobt.

1 Nur mit einem realistischen Plan gelingt der Einstieg in den frühen Ausstieg aus dem Berufsleben.

Frugalisten müssen sich gleich zu Beginn möglichst tiefgreifende Gedanken über ihr weiteres Leben machen: In welcher Lebensphase befinde ich mich, und wie möchte ich in späteren Lebensphasen leben? Wenn Sie mit 60 unbedingt eine Villa im Grünen besitzen wollen und mit 40 die meisten Mittel dazu weiter ansparen müssen, wird es mit dem Ruhestand ab 45 schon sehr eng. Die Wahrscheinlichkeit ist hoch, dass Ihr Plan aufgrund unrealistischer Zielkonflikte eher scheitert. Vielleicht wählen Sie anstelle der erträumten Villa eine Gartenwohnung. Die ist wesentlich entspannter finanzierbar.

2 Lernen Sie Ihre wahren Grundbedürfnisse kennen.

Frugalismus bedeutet nicht schmerzlicher Verzicht, sondern eine Entscheidung für die Konzentration auf das Wesentliche. Was das im Einzelnen bedeutet, können Sie nur für sich selbst entscheiden. Die vielen Erfahrungsberichte der Frugalisten sind jedoch inspirierend. Glücklich ist demnach nicht automatisch, wer viel hat, sondern wer sich wenig wünscht. Minimalisten setzen sich intensiv mit genau diesem Punkt auseinander, und sie legen so ihre persönlichen Grenzen fest.

3 Fokussieren Sie sich auf Ihr Ziel und kalkulieren Sie ausreichend Puffer ein.

In der Länge liegt die Last, lautet ein Sprichwort, und das gilt für einen angepassten, bescheidenen Lebensstil besonders. Wenn Sie eine bestimmte Zeit lang jeden Monat die Hälfte Ihres Einkommens sparen wollen, dann sollten Sie sich Widerstandskraft gegen „verlockende Angebote“ oder „unwiderstehliche Schnäppchen" antrainieren. Falls das ab und an nicht ganz klappt, ist es kein Malheur, sondern werten Sie dies lieber als Ansporn. Geben Sie sich auch Zeit, diese Fokussierung auf ein Ziel zu erlernen und sich selbst anzutrainieren.

4 Testen Sie einen enthaltsamen Lebensstil ausgiebig.

Bei einer so grundlegenden Entscheidung wie dem sehr frühen Renteneintritt ab 45 ist es mit ein, zwei Wochen Durchhalten nicht getan, nicht einmal mit ein, zwei Jahren. Ihre Entscheidung für diesen neuen Lebensstil sollte endgültig sein und lebenslang halten. Lassen Sie es deshalb langsam angehen und testen Sie, ob die verschiedenen Formen des gelebten Minimalismus zu Ihnen passen könnten. Im Beruf ist es dabei oft nicht leicht, wirklich einen enthaltsamen Lebensstil zu pflegen. Viele erfolgreiche Minimalisten starten deshalb mit einer beruflichen Auszeit wie einem Sabbatical.

5 Sichern Sie sich ein passives Einkommen.

Die Grundidee dahinter lautet: Wie kann man sich einen Einkommensstrom aufbauen, der unabhängig davon fließt, ob man viel oder wenig arbeitet? Die Lösung sind für viele Frugalisten, die früh in Rente gehen möchten, sehr breit gestreute Investments des Ersparten in risikoarme Aktien, Anleihen oder auch Festgelder. Indem Sie die Anlagen nicht auf einmal tätigen, sondern Ihren Anlagebetrag bewusst aufteilen und in zeitlichen Abständen mit verschiedenen Laufzeiten rollierend (re-)investieren (zum Beispiel monatlich, quartalsweise oder halbjährlich), erreichen Sie schon eine gute Absicherung gegen Schwankungen bei Zinshöhen oder Kursen (siehe dazu auch Seite 64).

6 Werden Sie Selbst-Optimierer!

Die Hängematte sei Ihnen immer wieder gegönnt, aber sie sollte nicht Ihr ausschließlicher Aufenthaltsort sein, wenn Sie früh aus dem Berufsleben aussteigen möchten. Sie müssen bereit sein, sich eigenverantwortlich mit der Optimierung einiger wichtiger Alltagsfragen auseinanderzusetzen: Finanzen, eigene Fähigkeiten, Lebensphasen und Auszeiten.

Bei den Finanzen steht natürlich die Sicherung des passiven Einkommens im Vordergrund. Dazu gehören aber auch weitere Fragen wie das Wechseln von Verträgen (etwa Handy, Versicherungen, Strom, Heizung, Konto, Kreditkarte) oder der laufende Blick auf Abonnements, deren Sinnhaftigkeit und Kündigungsfristen.

7 Weniger ist mehr – aber für was?

Über die Ideen des Frugalismus sollten Sie sich sensibilisieren lassen für die Frage, was Sie in der dann erreichten Freiheit erleben und tun möchten. Selbstverständlich dürfen Sie sich zunächst in eine Pause hineinsehnen, um Abstand zu gewinnen und im neuen Leben anzukommen. Die Liste der Romane, die Sie endlich lesen wollten, war lang. Idealerweise kombinieren Sie dazu eine sinnvolle und persönlich erfüllende

Der andere Blickwinkel

Welchen Versicherungsschutz benötigen Frugalisten? Über alle Sparanstrengungen hinweg sollte eine passende Absicherung mit einigen essenziellen Versicherungspolicen nicht vergessen werden: Manche sind obligatorisch und andere rein freiwillig oder gar überflüssig. So ist eine Kranken- und Pflegeversicherung in Deutschland verpflichtend – unabhängig, ob man sich noch in der Ansparphase mit einem Arbeitseinkommen befindet oder sich als Sehr-Früh-Rentner schon in die Unabhängigkeit verabschiedet hat. Eine fundierte Übersicht liefert „Das Versicherungs-Set – Bedarfsanalyse, Vertrags-Check-up, Testsieger“, erhältlich unter test.de/shop.

Tätigkeit gleich mit dem Ersparnis-Gedanken: Weit verbreitet ist unter Frugalisten der Anbau von eigenem Obst, Gemüse sowie Getreide samt der anschließenden Veredelung zu Lebensmitteln wie Konfitüren oder Brot. Andere betätigen sich als ökologisch wertvolle Imker oder lernen das Fischen. Was zu Ihnen passt, wissen Sie erst, wenn Sie es ausprobieren.

8 Ausgaben checken mit der 173er-Regel.

Ein leichter Einstieg, um sich selbst mit mehr Genügsamkeit anzufreunden, ist die Hochrechnung von immer wiederkehrenden (kleineren) privaten Ausgaben. Oft fallen diese gar nicht sonderlich auf, und darin liegt ihr eigentliches Sparpotenzial. Frugalisten in den USA haben dazu die sogenannte 173er-Regel entwickelt: Angenommen, Sie haben ein Streaming-Abo für 18 Euro abgeschlossen, und fragen sich, ob Sie es weiterführen sollten. Weil es sich um ein monatliches Abo handelt, multiplizieren Sie die 18 Euro mit 173 und erhalten so den Wert, den es Sie binnen zehn Jahren kostet: 173 x 18 Euro = 3 114 Euro. Die Kalkulation arbeitet mit 173 als Multiplikator und nicht mit 120 (das wären exakt jeweils zwölf Monate über zehn Jahre), weil als Vergleichswert ein Investment der 18 Euro in Aktien mit einer durchschnittlichen Rendite von sieben Prozent angenommen wird.

9 Kosten-Tracking starten. Jetzt!

Alle Kosten aufzuschreiben, ist für viele Neu-Frugalisten eine echte Herausforderung. Doch es lohnt sich! Sammeln Sie nicht nur Einkaufsbons, sondern schreiben Sie alle Ausgaben gesondert in ein Haushalts- oder Tagebuch. Nur so erhalten Sie einen echten und später nachvollziehbaren Überblick über Ihr Ausgabeverhalten. Sie kaufen dann anders ein und wundern sich nicht mehr länger am „Geld-Ende“, dass noch so viel Monat übrig ist. Ein Durchlauf von mindestens einem Jahr ist sinnvoll, denn nur so sehen Sie alle Transaktionen, samt überraschender Reparaturen, möglicher Sonderzahlungen oder unerwarteter Nachzahlungen etwa für Heizung und Strom.

⑩ Sparen lohnt sich (trotzdem). Unter Frugalisten hat das Sparen stets zwei Seiten: Ausgaben zu minimieren und Vermögen aufzubauen. Wenn Sie es beispielsweise schaffen, jede Woche 100 Euro zu sparen, dann haben Sie pro Jahr 5200 Euro zurückgelegt – ganz ohne Zinsen. Binnen zehn Jahren haben Sie 52000 Euro zusammen und nach 19 Jahren plus drei Monaten durchbrechen Sie die 100000-Euro-Grenze. Bei zwei Prozent Verzinsung kommen Sie bereits auf rund 120000 Euro, bei vier Prozent schon auf rund 140000 Euro – sogar jeweils nach Abzug der Abgeltungsteuer. Sparen macht auch deshalb Sinn, weil die Inflation die Kaufkraft des Geldes laufend anknabbert. Wenn Sie Ihre Sparraten regelmäßig in einen Sparplan mit geeigneten ETF einzahlen, können Sie noch schneller Vermögen aufbauen und gleichen die Inflation mehr als aus (siehe Seite 58 ff.).

Verwitwet? Auch in jungen Jahren gibt's eine kleine Rente

Wer aus traurigem Anlass den Partner, die Partnerin verliert, muss nicht bis zum gesetzlichen Rentenalter auf eine Unterstützung warten. In der Rentenversicherung federt einen die sogenannte „kleine" oder „große" Witwenrente finanziell etwas ab. Bis zum 47. Geburtstag springt die „kleine" Witwenrente ein. Dafür erhält man 25 Prozent der Rente, die der Ehepartner zum Todeszeitpunkt bekommen hätte oder hat. Um sie zu beziehen, darf man weder erwerbsgemindert noch mit der Erziehung von Nachwuchs beschäftigt sein. Sie fließt für maximal 24 Monate.

Die „kleine" oder die „große" Witwenrente federt einen finanziell etwas ab.

Ein Vorteil greift für Ältere: Wer sich vor 2002 das Ja-Wort gab und wenn ein Partner vor dem 2. Januar 1962 geboren wurde, darf die kleine Witwenrente ohne zeitliche Begrenzung erhalten. Anders bei der „großen" Witwenrente: Hierfür muss man mindestens 47 Jahre alt oder erwerbsgemindert sein oder Nachwuchs (eigenen oder den des Partners, bis 18 Jahre) großziehen. Für Kinder mit einer Behinderung entfällt die Altersgrenze. Stirbt der Partner vor 2029, dann fließt das Geld auch früher (bei Tod im Jahr 2022 etwa schon ab 45 Jahren, 11 Monaten). Als „große" Witwenrente bekommt man 55 Prozent der Rente, die der Partner zum Todeszeitpunkt bekommen hätte oder hat. Wer vor 2002 heiratete und wenn ein Partner vor dem 2. Januar 1962 geboren wurde, erhält sogar 60 statt 55 Prozent Witwenrente.

„Glücklich und gut leben als Frugalist"

Der heute 34-jährige Softwareentwickler **Oliver Noelting** leistete sich nach dem Studium weder ein Auto noch eine große Wohnung oder teure Reisen. Mit 40 Jahren wollte er sich in die Rente verabschieden und sparte dafür bis zu 60 Prozent seines Einkommens. Jetzt verschob er dieses Ziel – aus gutem Grund.

Wie anstrengend ist ein Leben als Frugalist mit all den Einschränkungen?
Ich sehe es nicht als Verzicht, sondern als Bereicherung, denn so kann ich mich auf Dinge konzentrieren, die für mich wirklich von Bedeutung sind. Mir bereiten Effizienz und Selbstoptimierung einfach Freude. Seit 2013 lebe ich als Frugalist und kann sagen: Ich fühle mich gar nicht eingeschränkt.

Sie geben aber doch viel weniger Geld für den täglichen Bedarf aus und kaufen anders ein?
Lange bin ich auch der Konsum-Logik gefolgt: Man muss nur dieses Auto kaufen oder jenen großen Fernseher und schon wird man glücklich und zufrieden. Ein Klick bei Amazon und man hat mehr Lebensqualität. Häufig gaukeln das die Werbung und unser soziales Umfeld so vor. Irgendwann habe ich mich gefragt, ob ich mich wirklich mit dem coolsten neuen Handy besser fühle oder ob es ein älteres Modell nicht ebenso tut.

Und schon konnten Sie Tausende Euro zur Seite legen?
Aber natürlich! Nur meldete sich da nicht ein Zwang in mir und sagte „Du musst dir das jetzt sparen!". Ich habe gespürt, dass ich mich in Secondhandmöbeln genauso wohlfühle wie in neuen. Andere Dinge sind mir wichtiger – wie eine nette Runde in der WG beim Bier oder ein neu gelerntes Kunststück auf dem Skateboard. Dafür braucht es überhaupt nicht viel Geld, man setzt nur andere Schwerpunkte.

Auf welche Schwerpunkte sollte man setzen, um als Frugalist erfüllt zu leben?
Für mich haben sich fünf wesentliche Aspekte herauskristallisiert. Erstens: soziale Beziehungen, Freunde und Familie. Mit ihnen verbringe ich dann echte „Quality Time". Also Zeit, sich ausgiebig zu treffen und zu hören „Wie geht es denn so?". Zweitens: eine erfüllte Tätigkeit ausüben. Das kann die Arbeit sein, aber auch ein Hobby. Ich fahre Skateboard, programmiere etwas, schreibe meinen Blog über Frugalismus und Artikel.

Sind das nicht Erkenntnisse aus der Positiven Psychologie?

Ja, unbedingt. Das gilt auch für den dritten Aspekt: Persönlichkeitsentwicklung vorantreiben, etwas Neues lernen und ausprobieren. Die Erfahrung von Selbstwirksamkeit, wenn man zum Beispiel versucht, die Waschmaschine einmal selbst zu reparieren. Es geht auch darum, in unserem Leben durch das Selbermachen die Kontrolle wiederzuerlangen – egal, ob in der Geldanlage, bei der Steuererklärung oder beim Kochen. Überall lerne ich etwas. Das lässt sich auch beim vierten Aspekt erfahren: Auf Gesundheit achten, Sport ausüben und in der freien Natur sein. Eine Nacht unter freiem Himmel kann so beeindruckend und erfrischend sein. Das klappt mit einfachsten Mitteln und ist herrlich!

Und welchen letzten Schwerpunkt setzen Sie?

Mit Absicht Herausforderungen annehmen, die eigene Komfortzone verlassen. Bei mir war es die Heimfahrt von meinem Studienort Bremen zu meinen Eltern nach Lehrte, einen Vorort von Hannover. Das kostenlose Semesterticket reichte nur bis Hannover. Also bin ich die zwölf Kilometer nach Lehrte gelaufen: über offenes Feld, durch Wald. Da ist der ganze Studien-Stress von mir abgefallen. Es gab tolle Bekanntschaften entlang des Weges und ich wurde mit frischen Pflaumen beschenkt. Als Nebeneffekt sparte ich auch noch Geld.

Ist der Kapitalmarkt mit seinen Schwankungen heute nicht viel zu unsicher, um darauf einen frühen Berufsausstieg aufzubauen?

Man darf sich nicht nur die aktuelle Situation ansehen, sondern muss langfristig planen. Zeiträume von 20 Jahren sind ein guter Horizont. Die Märkte schwanken ja, und selbst 50 Prozent Verlust kommen zeitweise vor. Bei Corona hatten wir 20 Prozent. Wer einen frühen Ruhestand plant, zahlt in der Regel nicht alles Geld auf einmal ein und hebt es nicht auf einen Schlag ab. In der Auszahlphase „entspart“ man sein Vermögen langsam über 40 Jahre oder länger.

Sie selber haben Ihren Plan aufgegeben, schon mit 40 in Rente zu gehen. Warum?

Es bleibt bei meinem groben Ziel, früher in Rente zu gehen. Aber ich bin Vater geworden und möchte mehr Zeit mit meiner Tochter verbringen. Darum arbeite ich heute schon Teilzeit und ein konkretes Datum für meinen Ausstieg ist mir nicht mehr so wichtig. Ob ich es mit 45 schaffe oder erst mit 50, spielt keine Rolle. Mein angespartes Vermögen schwankt um 200 000 Euro und damit bin ich in meiner Ruhestandsplanung weit gekommen. Zehntausend Euro hin oder her sind nicht entscheidend. Mit unserem frugalen und glücklichen Lebensstil könnten wir als Familie auch damit schon recht lange gut auskommen.

Was kann & will ich mir leisten?

Nur wenn Sie Ihre finanzielle Leistungsfähigkeit zutreffend einschätzen, lässt sich ein vorgezogener, sorgloser Ruhestand planen. Ungefähr reicht nicht mehr. Jetzt ist exaktes Aufaddieren gefragt.

Ein Finanz-Check-up zur Mitte des Lebens ist zugegebenermaßen ein komplexeres Unterfangen: Es genügt keinesfalls, nebenbei einen Blick auf das Girokonto sowie auf die aktuellen Kurse seines Wertpapierdepots zu werfen. Zahlreiche Vermögenswerte und potenzielles Einkommen im Ruhestand verbergen sich zum Beispiel in sogenannten Anwartschaften, die nicht immer sehr transparent angegeben sind. Dabei handelt es sich um Ansprüche aus Rentenkassen, die manchmal übersehen werden. Das liegt daran, dass man nicht immer nur selber Beiträge einzahlt, sondern dies zum Beispiel auch der Arbeitgeber tut. Das ist bei der gesetzlichen Rentenversicherung etwa der Fall, ebenso in der Beamtenversorgung oder bei berufsständischen Versorgungswerken sowie Betriebsrenten. Manchmal leisten auch andere Institutionen wie die Arbeitsagentur oder Sozialkassen weitere Einzahlungen für solche Anwartschaften. Und manchmal sind auch gar keine direkten finanziellen Beiträge nötig – es genügen Heirat, Kindererziehung, Ausbildung oder die Pflege von Angehörigen. Auch durch diese Aktivitäten erhöht sich die eigene Anwartschaft auf eine spätere Rentenzahlung.

Die Kunst besteht darin, zunächst sämtliche Anwartschaften aufzuspüren und sie zeitlich zu ordnen: Viele beginnen erst zu sprudeln, sobald man das gesetzliche Rentenalter erreicht hat. Zur Finanzierung eines vorgezogenen Ruhestands kommen sie also nicht in Betracht. Andere kann man sofort sehr flexibel einsetzen oder die Auszahlung zumindest ein paar Jahre früher starten. Das verschafft Job-Frühaussteigern wiederum mehr Spielraum beim notwendigen, selbst zu erwirtschaftenden Einkommen. Bevor man sich auf die Suche nach verborgenen echten oder nur oberflächlich glitzernden Vermögensschätzen begibt, sollte jedoch die Motivation für einen frühen Rentenstart erforscht sein.

Gute Gründe für einen frühen Ausstieg aus der Arbeit

Prüfen Sie sich im Rahmen der Bestandsaufnahme zunächst gründlich selbst und ebenso Ihre Motivation: Ist ein vorgezogener Ruhestand das richtige Mittel, um Ihre Ziele zu erreichen?

Weitreichende Konsequenzen. Den eigenen Ausstieg aus dem Arbeitsleben betreibt man nicht als Spielerei. Eine gewisse Ernsthaftigkeit bei der Planung und Umsetzung sind essenziell für den Erfolg des ganzen Vorhabens. Die eigene Motivation für diesen „Lebens-Wandel" genauer zu ergründen, hilft dabei. Es lassen sich drei übergeordnete Gründe identifizieren, die „Frührentner" und solche, die es werden möchten, für ihre Entscheidung besonders häufig anführen:

- **Mehr Freiheiten genießen.** Im Vordergrund steht hier ganz klar die Selbstbestimmung. Menschen, die dieser Motivation folgen, möchten nicht länger von Chefs und Vorgesetzten gesagt bekommen, was sie wann und in welchem Zeitrahmen zu leisten haben. Sie wollen Stechuhren, angeordnete Überstunden oder auch langwierige Urlaubsabstimmungen mit Kollegen ein Jahr im Voraus schlicht vergessen.
- **Mehr Zeit für Hobbys haben.** Ist der Segelschein schon etwas eingestaubt, weil das bisschen Urlaub nie für eine Atlantiküberquerung gereicht hat? Wollten Sie nicht schon immer Saxophon spielen lernen und dann mit einer Band auftreten? Der Feierabend, das

Wochenende oder der Urlaub boten dafür bisher im Leben viel zu wenig Raum. Neue Fähigkeiten und spannende Erkenntnisse warten nur darauf, entdeckt zu werden.

- **Rücksicht nehmen auf die Gesundheit.** Nein, es ist nicht ab und zu der Muskelkater, nachdem man etwas Schweres getragen hat. Oder die Müdigkeit hinterher, wenn wieder ein Projekt mit tagelanger Nachtarbeit rechtzeitig zu Ende gebracht werden musste. Es geht hier vielmehr um längerfristige Beobachtungen am eigenen Körper und an der eigenen Psyche, die einen dann zu dem Schluss gelangen lassen, dass man mit dieser Arbeitsbelastung so nicht bis 67 weitermachen kann und will (siehe Seite 141).

In vielen Fällen sind die Motive nicht immer ganz trennscharf, sondern überlappen sich oder greifen mit unterschiedlichen Intensitäten ineinander. Der zentrale Wunsch nach einem baldigen Ausstieg bleibt jedoch stets derselbe.

Eine selbst gewählte Verabschiedung in den frühzeitigen Ruhestand stellt allerdings keine Lösung für alle denkbaren Herausforderungen im Arbeitsleben dar, die wohl jedem begegnen. Prüfen Sie anhand der folgenden Übersicht, welche Gründe dafür oder dagegen sprechen könnten und welche möglichen Alternativen es zum Ausstieg gibt.

30 SEKUNDEN FAKTEN

75 %

der Deutschen sehen sich körperlich und geistig nicht in der Lage, bis 67 zu arbeiten.

90 %

der Arbeiter sehen sich nicht in der Lage, länger als bis maximal 65 zu arbeiten.

70 %

der leitenden Angestellten und Beamten sehen sich nicht in der Lage, älter als 65 zu arbeiten.

60 %

der Jüngeren von 18 bis 29 Jahren möchten mit 61 oder früher aus dem Job ausscheiden.

Quelle: Civey-Umfrage unter 2.500 Erwachsenen in Deutschland Ende 2021 im Auftrag des Demographie Netzwerks e.V.

Ab in die Rente: Der Motivations-Check

So erfahren Sie mehr über sich selbst: Welche Gründe bewegen Sie, um früher aus dem Arbeitsleben auszuscheiden? Wie haben Sie abgewogen? Welche Alternativen existieren?

Ihre Motivation für eine vorgezogene Rente	Das spricht dafür	Das spricht dagegen	Alternativen zur vorgezogenen Rente
Frust am Arbeitsplatz	Zeit für eine Neuorientierung; neue Aufgaben suchen	Verlust des Arbeitsplatzes; Gefahr von Langeweile und Sinnentleerung	Sabbatical; Jobwechsel; Statuswechsel (z. B. vom Angestellten zum Selbstständigen)
Körperliche und geistige Erschöpfung oder Einschränkung	Stopp der Belastungen durch den Beruf; sehr lange Phase für Erholung und Stärkung; Neuorientierung	Gefahr, sich beruflich als gescheitert zu sehen; psychische Aufarbeitung oft anstrengend	Längere Krankschreibung; Reha-Maßnahmen; Jobwechsel
Mehr Freiheiten genießen	Zeit für Inspiration und Neues; die nächste Lebensphase bewusst anders gestalten	Radikaler Schritt; Notwendigkeit, sich gegenüber dem eigenen Umfeld zu erklären	Auf Teilzeitarbeit umstellen; Sabbatical; selbstständig machen
Mehr Zeit für Hobbys haben	Ausreichend Zeit, um grundlegend neue Fähigkeiten zu erlernen und anzuwenden; Erweiterung des eignen Horizonts	Viele Hobbys sind auch kostspielig; Gefahr des Scheiterns; Kräfte und Fähigkeiten überschätzt	Teilzeit; längere Auszeiten vom Beruf (z. B. bei Jobwechsel) oder Sabbatical; in dem angestrebten Hobby arbeiten (z. B. als Segellehrer)
Richtig lange Urlaube verbringen	Endlich Zeit für Großprojekte wie eine Weltreise; noch einmal mit Rucksack losziehen; ungestört die Hängematte als Lieblingsplatz genießen	Gefahr von Langeweile und Sinnentleerung; aufkommendes Gefühl, nutzlos zu sein; Rastlosigkeit; ermüdender Status als „Dauer-Tourist"	„Workation" (Mischung von Phasen aus Urlaub und Arbeit am Ferienort); Freiwilligenarbeit in Urlaubsregionen; Work & Travel; Sabbatical

Ihre Motivation für eine vorgezogene Rente	Das spricht dafür	Das spricht dagegen	Alternativen zur vorgezogenen Rente
Faul sein	Niemand wird einen stören; dauerhafter Schutz vor Chefs und Vorgesetzten; selbstbestimmt leben	Gefahr von Egozentrik und Eigenbrötelei; soziale Kontaktarmut; Außenseitertum; evtl. Abdriften in Scheinwelten	Aussteigen auf Zeit z. B. in Retreats; Solo-Selbstständigkeit anpeilen; Sabbatical
Rückzug auf sich selbst	Ausreichend Zeit für Kontemplation; Außeneinflüsse lassen sich minimieren; Chance, einen neuen eigenen Rhythmus zu finden; spirituelle Impulse aufnehmen	Gefahr von Egozentrik und Eigenbrötelei; soziale Kontaktarmut; Außenseitertum; evtl. Abdriften in Scheinwelten	Aussteigen auf Zeit z. B. in Retreats; Solo-Selbstständigkeit anpeilen; Sabbatical
Auswandern	Chance auf einen Neuanfang mit einer planbaren finanziellen Absicherung in einem anderen Land; Lebenshaltungskosten können im Ausland günstiger sein; Aussicht auf neue Freunde und ein neues Lebensgefühl	Finanzielle Risiken im Ausland oft unkalkulierbar; Sprach- und Verständigungsprobleme; große Unterschiede in Kultur und Mentalität möglich; Gefahr, ein Außenseiter zu bleiben	Sich beruflich einmal testweise in das gewünschte Zielland versetzen lassen; bei Rentnern dort in einer Privatunterkunft länger Ferien verbringen; Work & Travel; Sabbatical

Der gründliche Finanzcheck

Nur wer seine Geldflüsse korrekt einschätzt, kann damit auch für die Zukunft planen. Diese Übersicht hilft, auch versteckte Quellen aufzuspüren, die für den Ruhestand sprudeln.

Blicken Sie über Ihre Kontoauszüge hinaus. Viele Geldströme und Vermögenswerte werden Sie laufend kontrollieren und ungefähr abschätzen können. Folgende Dokumente können bei dieser Übersicht besonders hilfreich sein:

- Girokontoauszug über das komplette zurückliegende Jahr
- Übersicht über Daueraufträge und Lastschriftmandate vom Girokonto oder anderen Konten
- Auszug über Abbuchungen der Kreditkarte
- Kontoübersicht von Zahlungsdienstleistern wie Klarna, Paypal, ApplePay, Google Pay
- Jahresabrechnungen anderer Banken
- Jahresabrechnungen über Wertpapierdepots
- Standmitteilungen von Versicherungen sowie Versorgungswerken
- Jährliche Renteninformation der gesetzlichen Rentenversicherung
- Lohnsteuerbescheinigung des Arbeitgebers
- Steuererklärung des Vorjahrs inklusive der Anlage KAP für Kapitaleinnahmen
- Beitragsbescheide aller Art (etwa von Krankenkassen, Versorgungseinrichtungen, Vereinen und Verbänden)

Durchforsten Sie im nächsten Schritt sämtliche Unterlagen oder das E-Mail-Postfach nach Stichwörtern, die auf Ruhegeldzahlungen oder sonstige Auszahlungen jetzt oder im Alter hinweisen könnten, wie

- Rente, Pension
- Versorgung, Anspruch
- Standmitteilung, Bezüge
- Anwartschaft, Anspruch
- Entgelt
- Entgeltpunkt
- Ausschüttung
- Gratifikation
- Guthaben
- Bonus
- Tantieme, Beteiligung
- Garantie, Garantiesumme
- Garantiertes Kapital

Kennzeichnen Sie diese Fundstellen, um darauf später zurückgreifen zu können. Tatsächlich sind die Quellen für Einkünfte im Alter unter Bundesbürgern schon heute sehr vielfältig, wie die rechte Grafik es zeigt.

Von Aktien bis Zinsanlagen: Vermögenswerte aufspüren

Einige Geldanlagen lassen sich sofort in eine Rentenauszahlung umwandeln, bei anderen sind Fristen zu beachten. Zunächst muss ermittelt werden, was man besitzt. Checken Sie alle Positionen in Hinblick auf eine Verwertbarkeit für den Ruhestand. Eine „Checkliste der Vermögenswerte“ auf Seite 152 hilft Ihnen dabei. Vielleicht können etliche dieser Vermögenswerte teilweise oder ganz verkauft oder aufgelöst werden. Andere liefern von sich aus ab einem bestimmten Termin regelmäßige Auszahlungen. **Achtung:** Eine frühere Auszahlung ist bei zahlreichen Rentenarten, Zusatzversor-

Einkommensquellen im Alter

Anteil der Personen, die Einkommensarten beziehen (in Prozent)
und durchschnittlicher Bruttobetrag je Bezieher (in Euro)

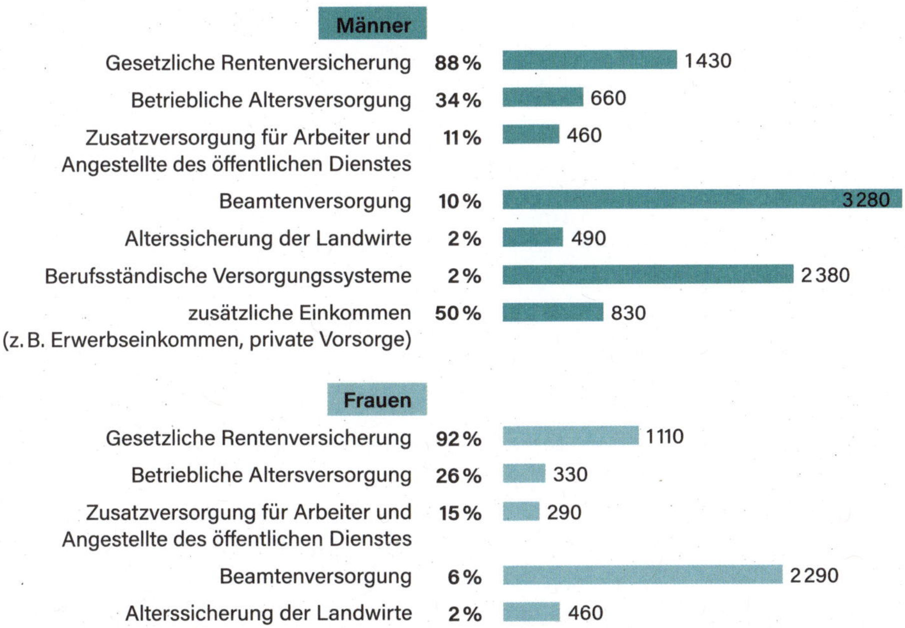

Quelle: Bund-Länder-Demographieportal/Alterssicherungsbericht des Bundesministeriums für Arbeit und Soziales 2020

gungen, Versicherungen oder sonstigen Sparverträgen bereits vor Erreichen des gesetzlichen Ruhestandsalters möglich. Ältere Riester-Renten mit Abschluss vor 2011 lassen sich beispielsweise problemlos schon ab dem 60. Geburtstag kassieren. Die Guthaben bei Versorgungswerken kann man in vielen Fällen jederzeit zumindest teilweise beleihen oder sich mit Abschlägen zum Rückkaufwert auszahlen lassen. Das gilt auch für etliche Versicherungen. Zuteilungsreife Bausparverträge dürfen zu jeder Zeit in eine Immobilienfinanzierung oder auch in den Konsum fließen. Waisenrenten gibt es sogar nur für die Jüngeren, maximal bis zum 27. Lebensjahr. Die große Witwen-/Witwerrente ist regelmäßig ab Alter 47 fällig (siehe Seite 25).

Gerne übersehen: Ansprüche aus Betriebsrenten und Versorgungsausgleich

Eine Holschuld: Viele Mitarbeiter versäumen es, sich rechtzeitig ihre Ansprüche auf eine Betriebsrente zu sichern. In Deutschland hat praktisch jeder Angestellte einen Anspruch auf eine Betriebsrente. Eigentlich müssen die Firmen darüber aufklären, doch das geschieht nicht immer. Arbeitnehmer sollten dann selbst eine Auskunft fordern.

Es gibt zwei Varianten: Einmal zahlt der Arbeitgeber die Betriebsrente komplett selbst. Das andere Mal spendiert er einen Zuschuss. Das Minimal-Angebot ist eine sogenannte Entgeltumwandlung, bei der vom Bruttogehalt gleich ein Teil in die Betriebsrente fließt. Oft verknüpfen Arbeitnehmer die Einzahlungen auch mit den vermögenswirksamen Leistungen (VL) vom Betrieb.

Seit 2019 gibt es für neu abgeschlossene Verträge bei Betriebsrenten mindestens 15 Prozent vom Arbeitgeber dazu, die freiwillige Zulage kann aber auch höher sein. Der Mindestprozentsatz gilt seit 2022 auch für Altverträge. Zur Wahl stehen fünf verschiedene Arten an Betriebsrenten:

- Direktzusage
- Direktversicherung

Verlorene Konten. Bei Erbschaften, Trennung, Scheidung oder Umzügen von und ins Ausland lohnt es sich, nach verlorenen Konten samt Guthaben Ausschau zu halten. Auf diesen „nachrichtenlosen Konten" sollen in Deutschland zwei bis neun Milliarden Euro dümpeln. Die rechtmäßigen Besitzer müssen sich nur melden. Vergehen 30 Jahre ohne Nachricht, dürfen Banken die Gelder behalten. Es gibt kein zentrales Register. Auskunft geben die jeweiligen Banken und Sparkassen.

- Unterstützungskasse
- Pensionskasse
- Pensionsfonds

Sie funktionieren alle ähnlich: Während man arbeitet, belohnt der Staat die Einzahlungen in eine Betriebsrente durch steuerliche Vorteile. Dazu kann man sich Sozialabgaben sparen. Geht man in Rente, dann fließt auch die Betriebsrente, auf die man dann allerdings Steuern und Sozialabgaben zahlen muss. Zu beachten ist, dass der Arbeitgeber über die Art der Betriebsrente entscheidet und er wählt dazu den Anbieter. Manchmal ist dies über Tarifverträge branchenweit geregelt (zum Beispiel MetallRente, ChemieRente, siehe Tabelle S. 152).

Durch die Bruttoentgeltumwandlung reduziert sich auch das Bruttogehalt. Abzüge für Lohnsteuer, Kirchensteuer sowie Sozialbeiträge sinken. Erst in der Auszahlungsphase verlangt der Staat dann Steuern und Sozialabgaben, die in den meisten Fällen indes deutlich niedriger als während der Berufstätigkeit ausfallen dürften.

Wichtig: Betriebsrenten können Ansprüche aus der gesetzlichen Renten- und Arbeitslosenversicherung mindern, denn sie drücken die Beiträge für andere Sozialabgaben.

Zu versteuern sind Betriebsrenten auf jeden Fall ab der Zeit des Geldbezugs, wobei es unerheblich ist, ob der Betrag in einer Summe oder gesplittet zur Auszahlung kommt.

Für erheblichen Unmut sorgt immer wieder eine Regelung, wonach gesetzlich Krankenversicherte auf ihre Betriebsrente Beiträge zur Kranken- und Pflegeversicherung zu entrichten haben, und dies in voller Höhe und nicht nur anteilig wie bei der gesetzlichen Rentenversicherung. Trostpflaster ist ein Freibetrag für pflichtversicherte Rentner: Beiträge zur Kranken- und Pflegeversicherung sind für sie nur dann zu entrichten, wenn ihre monatliche Betriebsrente 164,50 Euro (Jahr 2022) übersteigt. Wer seine Betriebsrente in einer Summe überwiesen bekommt, muss die Sozialbeiträge nicht auf einen Schlag, sondern über 120 Monate gestreckt (zehn Jahre) abstottern. Privat Krankenversicherte müssen diese Extra-Zahlungen nicht leisten und genießen somit in diesem Fall einen Vorteil gegenüber gesetzlich Versicherten.

→ Abgabenrechner nutzen

Wie hoch die Abgaben auf Ihre Betriebsrente im Alter sind, lässt sich mit einem eigenen Rechner der Stiftung Warentest zu den Abzügen bei den Sozialabgaben ermitteln unter test.de/kk-beitraege-betriebsrente.

Zur Rentabilität von Betriebsrenten für Arbeitnehmer wird häufig davon ausgegangen, dass sie sich nur dann lohnen, wenn sie entweder voll vom Arbeitgeber gezahlt werden oder der Arbeitgeberzuschuss zumindest 20, besser 30 Prozent beträgt.

Verträge der betrieblichen Altersvorsorge müssen Arbeitnehmer bei einem Jobwechsel innerhalb eines Jahres zum neuen Arbeitgeber mitnehmen und dort anmelden. Der neue Chef muss allerdings keine Zuschüsse in den alten Vertrag zahlen, sondern nur selber einen neuen Vertrag anbieten. Für die Übertragung auf den neuen Vertrag können Gebühren anfallen. Wer es jedoch versäumt hat, sich eine Betriebsrente zu sichern, kann dies rückwirkend nicht nachholen.

Da Arbeitnehmer und Arbeitnehmerinnen in Deutschland im Schnitt alle elf Jahre die Firma wechseln, kommen auf den Betriebsrentenkonten durch Einzahlungen durchaus stattliche Summen zusammen. Diese sollte man auf keinen Fall als unbedeutend abschreiben. Eine Nachforschung nach schlummernden Ansprüchen auf Betriebsrenten kann sich sehr wohl rentieren, da die Fristen für die Unverfallbarkeit der eingezahlten Arbeitgeberbeiträge auch noch per Gesetz deutlich verkürzt wurden:

- Seit 2018 sind die Beiträge nach drei Jahren im Betrieb und ab Alter 21 unverfallbar. Reine Beitragszusagen sind sofort unverfallbar, einschließlich der Arbeitgeber-Beiträge.
- Seit 2009 galt dafür ein Mindestalter von 25 und fünf Jahre Betriebszugehörigkeit.
- Zwischen 2001 und 2009 galt das Mindestalter 30 und fünf Jahre Betriebszugehörigkeit.
- Vor dem Jahr 2000 galt das Mindestalter 35 und zehn Jahre Betriebszugehörigkeit.

Um zu ermitteln, wo welche Ansprüche auf Betriebsrenten bestehen, müssten Sie sich als angehender Ruheständler selbst auf die Suche begeben und die Informationen von Ihren alten Arbeitgebern oder den Versicherungen einfordern. Diese müssen sich nicht ungefragt bei Ihnen melden. Vor allem bei Fusionen, Firmenaufkäufen oder Insolvenzen der ehemaligen Arbeitgeber erfordert dies umfangreiche Eigeninitiative, wie etwa den Einblick in Handelsregister oder Nachfragen beim Pensions-Sicherungs-Verein (PSV), über den die meisten

Hilfestellung bei der Ermittlung und Sicherung von Betriebsrentenansprüchen sowie bei den regelmäßig einzufordernden Erhöhungen leisten zum Beispiel die Gewerkschaften, Sozialverbände (VdK e.V., Sozialverband Deutschland e. V.) sowie auch der Verband Betriebsrentner Deutschland e. V.

Betriebsrenten auch bei Pleiten abgesichert sein müssen.

Betriebsrenten müssen ebenfalls regelmäßig angepasst werden – meist gemäß der Inflation. Aber: Dies geschieht wiederum nicht automatisch, sondern ist gleichfalls eine Holschuld des Begünstigten oder Arbeitnehmers. Wer dies versäumt, erhält auch nicht mehr Betriebsrente und verzichtet so über die Jahre gesehen auf viel Geld.

So sichern sich Geschiedene ihre Rentenansprüche

Im Rahmen eines Finanz-Check-ups werden ebenfalls Rentenansprüche aus Ehen und eingetragenen Lebenspartnerschaften leicht übersehen. Die Rente erscheint oft noch weit entfernt, da liegen Kinder, Unterhalt, Haus oder Auto im Trennungsfall zunächst näher.

Die Ansprüche entstehen, wenn in einer Ehe der eine Partner mehr Ansprüche auf eine gesetzliche oder private Rente sammelt als der andere. Dies kann mit unterschiedlicher Bezahlung zusammenhängen oder damit, dass sich einer von beiden der Kindererziehung widmet und beim Job zurücksteckt.

Bei einer Scheidung ermittelt das zuständige Familiengericht für jeden Partner jeweils getrennt, wie viel Ansprüche er oder sie während der Ehezeit bei welchem Versorgungsträger erworben hat. Dazu fordert es von den einzelnen Versorgungsträgern jeweils Auskünfte über die Anrechte der Partner an. Das Familiengericht entscheidet über jeden Versorgungsanspruch einzeln und hält seine Entscheidungen später im Scheidungsurteil fest. Ansprüche, die nicht ermittelt werden konnten, weil sie ein Partner vor dem anderen beispielsweise erfolgreich versteckt, können auch nicht ausgeglichen werden. Einbezogen werden grundsätzlich die gesetzliche Rente, Beamtenversorgung, Versorgungswerke, Betriebsrenten, Private Rentenverträge, Riester- und Rürup-Renten.

Andere möglicherweise zur Vorsorge gedachte Anlagen wie Immobilien oder Fonds bleiben außen vor. Über ihre Aufteilung befindet ein Gericht gesondert.

In den meisten Fällen teilen Richter die in der Ehezeit erworbenen Rentenansprüche dann hälftig auf. Abweichungen hiervon gibt es besonders bei sehr langen Trennungszeiten, falls die Ehe kürzer als drei Jahre hielt oder falls die Partner einen Ehevertrag oder eine Scheidungsfolgenvereinbarung geschlossen hatten.

Bei gesetzlichen Renten funktioniert das noch relativ einfach: Es werden die erworbenen Entgeltpunkte zwischen den Partnern aufgeteilt und dem jeweiligen Rentenkonto gutgeschrieben. Angesammelte Vermögen bei Betriebsrenten oder Versorgungswerken werden häufig geteilt oder auf ein neues Konto für denjenigen Partner übertragen, der dort noch kein Konto besaß. Durch die Teilung dieser Vermögenswerte und der damit verbundenen teilweisen Auflösung

Wie hoch die Extra-Rente ausfällt

Je nach dem Anlageerfolg des Vermögens schwanken die Auszahlungsbeträge für die zehn Jahre sehr stark. Mit berücksichtigt ist der Steuerabzug für Kapitalerträge inklusive Solidaritätszuschlag in Höhe von 26,375 Prozent sowie der Freibetrag von 1 000 Euro (Single) jährlich.

	Monatliche Auszahlung bei einem eingesetzten Vermögen ...		
Erzielter Zinssatz p. a. mit dem Vermögen	... von 100 000 Euro	... von 200 000 Euro	... von 400 000 Euro
2 %	912 Euro	1 810 Euro	3 601 Euro
4 %	978 Euro	1 938 Euro	3 857 Euro
6 %	1 045 Euro	2 070 Euro	4 119 Euro
8 %	1 112 Euro	2 204 Euro	4 387 Euro

von Geldanlagen kam es jedoch öfter zu größeren Einbußen, die das Bundesverfassungsgericht auf maximal zehn Prozent limitierte (Az. 1 BvL 5/18). Finden Ausgleichsberechtigte keinen externen Versorgungsträger, um das Kapital zu übertragen, ist für Betriebsrenten die eigens eingerichtete Versorgungsausgleichskasse ein mögliches Auffangbecken. Dabei handelt es sich um eine Pensionskasse, die 38 Lebensversicherer gegründet haben. Sonst wird die Gleichverteilung über die gesetzliche Rentenkasse mit Einzahlungen und/oder Abbuchungen bewerkstelligt.

Für einen vorgezogenen Ruhestand lassen sich Ansprüche aus dem Versorgungsausgleich dann ebenso wie andere Vermögenswerte heranziehen – über eine mögliche Beleihung, Teilauszahlung oder Auszahlung zum Rückkaufwert. Dies kann Abschläge oder Kürzungen bedeuten.

Die normalen Zahlungen aus einem Versorgungsausgleich werden fällig, sobald es bei den geschiedenen Eheleuten zur Rentenleistung kommt. Das geschieht meist ab dem gesetzlichen Regelalter für die Rente. Bei einigen Privatversicherungen oder Versorgungswerken können schon davor Auszahlungen beantragt werden.

Wie lange die Rente reicht

Je nach dem Anlageerfolg des Vermögens schwankt in diesem Fall die Dauer der Auszahlung in Höhe von 1 500 Euro monatlich stark. Mit berücksichtigt ist der Steuerabzug für Kapitalerträge inkl. Solidaritätszuschlag in Höhe von 26,375 Prozent sowie der Freibetrag von 1 000 Euro jährlich.

	Dauer der Auszahlung bei einem eingesetzten Vermögen …		
Erzielter Zinssatz p. a. mit dem Vermögen	… von 100 000 Euro	… von 200 000 Euro	… von 400 000 Euro
2 %	5,86 Jahre	12,29 Jahre	27,32 Jahre
4 %	6,14 Jahre	13,62 Jahre	36,51 Jahre
6 %	6,44 Jahre	15,40 Jahre	81,25 Jahre
8 %	6,78 Jahre	18,01 Jahre	Endlos

Den eigenen Besitz clever für die Rente nutzen: Auszahlpläne, Rückwärtshypothek & Leibrente

Das Erreichte sinnvoll einsetzen: Zum Aufbau von Vermögen oder Hinweise zum Sparen finden Geldanleger hierzulande auf der einen Seite massenhaft Ratschläge von sehr unterschiedlicher Qualität.

Auf der anderen Seite, nämlich dem klugen „Ent-Sparen“ oder Abschmelzen des aufgebauten Vermögens, wird das Beratungsangebot sehr schmal.

Für eine vollumfängliche Analyse Ihrer finanziellen Situation sollten Sie diesem Aspekt eine größere Aufmerksamkeit widmen. Einerseits lässt sich so herausfinden, wie weit das Angesparte heute schon für einen Ausstieg reichen könnte. Andererseits erfahren Sie, wie groß oder klein die Strecke bis zum Erreichen der finanziellen Unabhängigkeit noch ist und welche Anstrengungen Sie gegebenenfalls leisten müssten oder welche sich bereits erübrigen könnten.

Mit Auszahlplan zu mehr Rente

Auszahlpläne definieren zunächst ganz allgemein ein kontrolliertes Abschmelzen des aufgebauten Vermögens. Oft sind es regelmäßige monatliche Beträge, die ausgezahlt werden, aber das muss nicht sein.

Die einfachste und bekannteste Form eines Auszahlplans ist die Sofortrente. Sie wird häufig von Banken und anderen Finanzdienstleistern als fertiges Produkt angeboten: Der Kunde oder die Kundin zahlt nur noch den erforderlichen Mindestbetrag ein und schon gibt es daraus sofort monatliche Auszahlungen. Die andere Variante sind häufig selbst geschneiderte Auszahlpläne mit sehr flexibel verkaufbaren Wertpapieren wie ETF.

Also: Sofortrente oder lieber ein ETF-Auszahlplan? Dabei handelt es sich um zwei grundlegend verschiedene Konzepte. Die Sofortrente bei einem Lebensversicherungsunternehmen deckt zum Beispiel das „Langlebigkeitsrisiko“ ab. Damit ist gemeint: Die bei Vertragsschluss zugesagten Renten sind vor allem bei den aktuellen Niedrigzinsen nicht gerade hoch, aber sie fließen ein Leben lang – egal, wie alt der Ruheständler wird. Beim Auszahlplan muss er dagegen schauen, wie lange das Geld reichen soll. Dafür sind die möglichen Auszahlungen deutlich höher.

Wie lange ein Vermögen mit einem Auszahlplan reicht und wie viel Extra-Rente es geben könnte, zeigen die beiden folgenden Rechenbeispiele mit alternativen Zinssätzen. Im ersten Fall möchte eine 55-Jährige zehn Jahre bis zum Renteneintritt mit 65 überbrücken. Das angesparte Kapital darf bis dahin vollständig aufgezehrt sein.

Im zweiten Fall möchte sie aus ihrem Vermögen monatlich 1500 Euro zur Überbrückung erhalten und will wissen, wie lange die jeweils eingesetzte Summe dafür ausreicht.

Im Ergebnis erreicht die Sparerin eine monatliche Extra-Rente in Höhe von 1500 Euro, die sich sogar in Richtung einer „ewigen Rente“ ohne Kapitalverzehr bewegt, sobald sie 400000 Euro mit einer Verzinsung ab 6 Prozent am Kapitalmarkt erzielt. Das bedeutet: Allein die erwirtschafteten Zinsen genügen dann, um eine unbegrenzte Auszahlung von 1500 Euro monatlich zu erhalten. Weil das mit risikolosen Festgeldern derzeit unmöglich ist, bleibt dafür nur die Geldanlage als Auszahlplan in ETF mit breiter Risikostreuung oder auch als noch sicherere Mischung mit Tagesgeldern (siehe Seite 64).

Rückwärtshypothek und Leibrente: So zahlt das eigene Haus eine Rente

Im europäischen Ausland ist die Idee schon weit verbreitet: Wer ein Haus oder eine Wohnung besitzt, lebt dort bis zum Tode und lässt sich währenddessen schon Geld für diese Immobilie auszahlen. Dafür schließt man mit Anbietern spezielle Verträge über eine Rückwärtshypothek/Umkehrhypothek oder über die Zahlung einer Leibrente ab.

Haus oder Wohnung werden dabei verkauft oder beliehen. Die Krux ist, dass man dennoch weiter in seinem angestammten Heim wohnen bleiben darf. Erst nach dem

Tod oder je nach Vertrag auch bei einem Umzug in ein Heim geht die Immobilie in den Besitz des Käufers über. Bei der Umkehrhypothek entsteht ein Darlehen, aus dem die monatliche Rente fließt, welches später durch den Verkauf der Immobilie getilgt wird. Die häufigsten Akteure im deutschen Markt sind hier Banken oder Versicherungen.

Eine Beispielrechnung zur Verrentung einer Immobilie (in Euro)

Wert der Immobilie heute:	300 000
Risikoabschlag 25 %:	75 000
Ergibt Darlehenshöhe:	225 000
Vertragslaufzeit: 35 Jahre	
Zinssatz: 3 Prozent	
ergibt eine Monatsrente von	**303**

Wenn Sie in diesem Beispiel anstelle einer kompletten monatlichen Auszahlung eine 30-prozentige Barauszahlung plus 70 Prozent Rente wählen, ergäbe dies 24 000 Euro Einmalauszahlung und 212 Euro für 35 Jahre monatlich zusätzlich.

Je älter Kundin und Kunde sind, desto günstiger wird es üblicherweise, und die Haus-Rente steigt. Einige Anbieter akzeptieren auch nur Menschen, die mindestens 60 bis 70 Jahre alt sind. Dazu dürfen die Objekte oftmals zu nicht mehr als 20 Prozent mit Restschulden belastet sein. Sehr unterschiedliche Gebührenmodelle der Anbieter können die Haus-Rente weiter schmälern.

Bei der Umkehrhypothek ist eine Auszahlung in einem Betrag möglich, ebenso eine regelmäßige Rentenzahlung über einen bestimmten Zeitraum sowie eine lebenslang gezahlte Rente. Leibrenten erhält man meist als Monatszahlung.

Juristisch trennen Rückwärtshypothek und Leibrente Welten: Die Rückwärtshypothek ist ein Vertrag über einen Kredit, bei dem mit der Unterzeichnung nicht sofort ein neuer Immobilieneigentümer festgelegt wird. Als Folge bleiben dann zum Beispiel Sanierungen die Sache des alten Eigentümers, die er veranlassen und bezahlen muss. Die Bank oder Versicherung als Ausgeber des Kredits erhält das Haus oder die Wohnung zur Sicherheit, was im Grundbuch über eine Grundschuld vermerkt wird. Mit dem Tod des Eigentümers darf die Bank oder Versicherung die Immobilie ganz in ihren Besitz nehmen. Meist wird sie dann verkauft und so auch das Darlehen getilgt.

Für die Leibrente gelten andere Spielregeln: Der Abschluss des Vertrages bedeutet auch gleich den Eigentümerwechsel (wiederum meist zu einer Bank oder Versicherung). Deshalb ist darauf zu achten, dass das Wohnrecht des vormaligen Eigentümers bis zum Ableben ohne Mietzahlung gleich ins Grundbuch so eingetragen wird. Mit dem Eigentümerwechsel gehen mögliche notwendige Ausgaben für Sanierungen am Objekt auf ihn über. Unterm Strich können sich Rückwärtshypotheken und Leibrenten auf selbst bewohnte Immobilien durchaus lohnen, um die Rente aufzustocken. Um alle vertraglichen Details zu beachten, sollten Sie Fachleute hinzuziehen oder auch Alternativen wie eine (Teil-)Vermietung abwägen (siehe auch „So nutzen Sie Immobilien“, Seite 70).

Wie viel Ruhegeld erhalte ich? Das gesetzliche Rentenkonto klären und prüfen

Lücken im Versicherungsverlauf der gesetzlichen Rentenversicherung kosten richtig Geld: Denn für die Höhe der gesetzlichen Renten zählen nicht nur Zeiten, in denen man Beiträge eingezahlt hat, sondern auch Lebensphasen wie Ausbildung, Kindererziehung oder Pflege von Angehörigen. Die Zeiten und Beiträge werden dann in Jahren zusammengezählt und daraus ermittelt sich der Rentenbetrag.

Eine erste Übersicht zum Versicherungsverlauf bekommt man gemeinsam mit der Renteninformation von der Deutschen Rentenversicherung zugesandt, sobald man den 27. Geburtstag erreicht und über fünf Jahre lang Rentenbeiträge gezahlt hat. Dieser Automatismus funktioniert ganz gut. Man sollte aber nachhaken, falls bis zum 28. Geburtstag noch keine Post im Briefkasten lag. Mit 43 verschickt die Deutsche Rentenversicherung einen aktuellen Versicherungsverlauf sowie einen Fragebogen zur Kontenklärung. Diesen sollten Sie auf jeden Fall ausfüllen. Dann müssen Sie aktiv werden: Der Versicherungsverlauf ist in zeitlicher Abfolge gestaffelt aufgebaut, also nach Schulausbildung, Lehre/Studium, Berufstätigkeit mit Arbeitgeberwechseln sowie Auszeiten. Prüfen Sie, ob sich Lücken ergeben. Die Deutsche Rentenversicherung verarbeitet Meldungen von sehr vielen Stellen über Sie, jedoch gibt es Zeiten, um die sich jeder selbst kümmern muss. Dies betrifft beispielsweise gewisse Schulzeiten, Zeiten eines Studiums, Zeiten für Kindererziehung, eventuell Beschäftigungszeiten in der ehemaligen DDR, berufliche Auslandsaufenthalte oder Zeiten einer ehrenamtlichen Pflege, zum Beispiel von Angehörigen.

Wichtige Belege, mit denen man Rentenlücken schließen kann, sind: Zeugnisse, Ausbildungsverträge, Immatrikulationsbescheinigungen, Versicherungskarten oder -bestätigungen, Krankmeldungen. Sollten Sie keine Nachweise mehr besitzen, schicken Sie auf jeden Fall trotzdem die Antragsvordrucke zur Kontenklärung an die Rentenversicherung zurück. Nur dann kann diese Ermittlungen einleiten.

Darauf basierend wird schließlich die Rente errechnet und man erhält bis zum Alter von 55 jedes Jahr dazu eine Renteninformation. Sie enthält Angaben darüber,

- welche Beiträge Arbeitnehmer und Arbeitgeber bisher eingezahlt haben,
- welche Rentenansprüche Sie bisher erworben haben,
- wie hoch Ihre Altersrente ausfallen könnte, wenn Sie weiterhin so viel

einzahlen wie durchschnittlich in den vergangenen fünf Jahren,

- um wie viel Ihre Rente steigen könnte bei einer jährlichen Rentenerhöhung von einem oder zwei Prozent,
- wie viel Erwerbsminderungsrente Sie aktuell bei plötzlicher und voller Erwerbsminderung erhalten würden,
- wann Sie ohne Abschläge in Altersrente gehen können.

Die Renteninformation ist stets vorläufig, denn sie bezieht sich auf die momentane Rechtslage, und die kann sich bis zum Renteneintritt ändern.

Ab 55 bekommt man dann alle drei Jahre mit der Rentenauskunft einen Versicherungsverlauf zugesandt, die sich bei Bedarf häufiger anfordern lässt. Sie beinhaltet:

- Angaben, ob und wann man die Voraussetzungen für eine Rente erfüllt
- Angaben zu den erreichten Versicherungsjahren
- Überblick über den Verlauf der Versicherung mit den von der Rentenkasse erfassten Zeiten
- Hochrechnung der Rente
- Angabe zum Zahlbetrag der Regelaltersrente, einer Rente bei voller Erwerbsminderung sowie einer Witwenrente
- Angegeben sind auch Werte für die aktuell erreichten Rentenbeträge, also ohne dass man weiter Beiträge einzahlen würde.

Auf gesonderten Antrag erhält man Auskunft über Ausgleichszahlungen, um mögliche Rentenkürzungen etwa bei frühzeitigem Rentenstart zu kompensieren, oder auch Auskünfte zu den Ansprüchen, die man in einer Ehe erworben hat. Im Falle eines Versorgungsausgleichs bei Scheidung oder beim Ehegattensplitting könnte dies später einmal wichtig sein.

Vorsicht, Abzüge! Die angegebenen Werte in der Rentenauskunft und in der Renteninformation sind immer Brutto-Werte. Das bedeutet, Steuern und Sozialabgaben (Kranken- und Pflegeversicherung) sind davon noch abzuziehen. Ebenso knabbert die Inflation an der Kaufkraft der angegebenen Rente.
Beispiel: Von 1 500 Euro Monatsrente brutto, die ein Single im Jahr 2023 erwartet, gehen 39 Euro Steuern ab, nochmals 118 und 51 Euro für Kranken-/Pflegeversicherung. Es bleiben somit 1 292 Euro netto übrig.

Wie viel brauche ich? Den passenden Bedarf ermitteln

In einer Bilanz ziehen Sie alles zusammen, was Sie zum Leben benötigen. Sie berechnen dann, welche Einnahmen heute und zum geplanten Rentenstart zur Verfügung stehen.

→ **Einnahmen und Ausgaben** richtig abschätzen. Für einen früher geplanten Ruhestand sollten Sie drei Phasen bei der finanziellen Bedarfsplanung berücksichtigen:

- Ihre heutige Situation
- den Zeitpunkt des vorgezogenen Ruhestands
- das Erreichen des gesetzlichen Rentenalters

Angenommen, Sie sind heute 45 und wollen sich mit 55 früher in Rente verabschieden. Dann wäre heute Ihre Phase 1, Ihr erreichtes Alter 55 wäre die Phase 2 und das Alter 67 Ihre Phase 3. Alle drei Phasen bringen Besonderheiten, die sich auf die finanzielle Lage auswirken. Das wird besonders deutlich bei den Sozialabgaben: In der Ansparphase – meist gleichbedeutend mit dem Berufsleben – müssen Sie zumindest als Angestellter neben Kranken- und Pflegeversicherung auch Beiträge zur Rentenversicherung und Arbeitslosenversicherung zahlen. Die letzteren beiden Sozialabgaben verschwinden als Ausgabenposten, sobald Sie sich vor dem gesetzlichen Rentenbeginn aus dem Berufsleben ins Private verabschieden. Allenfalls in die Rentenkasse können Sie weiter freiwillig einzahlen. Haben Sie Ihr gesetzliches Rentenalter erreicht, entfällt auch diese Möglichkeit. Andere Ausgaben können im Ruhestand steigen, wie zum Beispiel jene für Kultur, Unterhaltung oder Reisen. Mit weiter vorrückendem Alter sinken sie erfahrungsgemäß jedoch wieder.

Bei den Einnahmen sind von den Brutto-Werten jeweils fällige Steuern und Sozialabgaben abzuziehen. Wenn Sie in Phase 2 aus dem Job in den selbst gewählten Ruhestand vor dem gesetzlichen Regelalter eintreten, erhalten Sie kein Gehalt mehr und beziehen auch noch keine gesetzliche Rente. Dann bezahlen Sie für Ihr Geld, das Sie aus den angesparten Kapitaleinkommen beziehen, nur Kapitalertragsteuer in Höhe von 26,375 Prozent (inklusive Solidaritätszuschlag, abzüglich jährlicher Freibetrag von 1000 Euro/2000 Euro, Single/Eheleute). Sie dürfen sich in dieser Phase als Privatier sehen, und das Finanzamt klärt sogar automatisch per Günstigerprüfung, ob Ihr individueller Steuersatz nicht vorteilhafter wäre. Bei den gesetzlichen Krankenkassen zahlen Sie dann allein den Kranken- und Pflegebeitrag auf die beitragspflichtigen Kapitaleinkünfte, wie Miet- oder Pachteinnahmen, Zinsen, Dividenden. Aus den Einnahmen privat abgeschlossener Lebens-, Renten- oder Berufsunfähigkeitsversicherungen müssen Sie hingegen keine Beiträge zur gesetzlichen Kranken- und Pflegeversicherung zahlen, auch wenn diese schon vor dem gesetzlichen Rentenalter ausgezahlt werden.

In Phase 3 ändern sich Steuern und Abzüge nochmals: Angenommen, Sie erhalten die gesetzliche Rente ab dem Jahr 2023 ausgezahlt, dann greift ein Freibetrag von 17 Prozent. Sie müssen also nur 87 Prozent der Rente versteuern. Dieser Freibetrag ist für Sie je nach heutigem Alter nicht mehr relevant, da er gesenkt wird und 2040 bei 0 ist.

Beispiel: Max erhält ab 2023 ausschließlich 2000 Euro gesetzliche Monatsrente brutto, ist verheiratet, pflichtversichert in der Kasse, zahlt keine Kirchensteuer und hat Steuerklasse 3. Seine Ehepartnerin bezieht kein eigenes Einkommen. Dann lässt ihn der Fiskus mit null Euro Steuerbelastung in Ruhe, für Kranken- und Pflegeversicherung muss er 227 Euro bezahlen. Das ergibt eine Netto-Rente in Höhe von 1773 Euro. Als Single müsste er dagegen 122 Euro Einkommensteuer zusätzlich abgeben, es verbleiben 1651 Euro Netto-Rente.

Die Deutsche Rentenversicherung behält von den Bruttorenten gesetzlich Krankenversicherter 7,3 Prozent für Krankenkassen- und 3,05 Prozent für Pflegekassenbeiträge ein. Kinderlose zahlen 3,4 Prozent in die Pflegekasse. Aus den Einnahmen privat abgeschlossener Lebens-, Renten- oder Berufsunfähigkeitsversicherungen sind auch in der Rentenphase keine Beiträge zur gesetzlichen Kranken- und Pflegeversicherung zu zahlen, auf sogenannte Versorgungsbezüge wie Betriebsrenten oder Ruhegelder der Versorgungswerke dagegen schon. Und zwar die vollen Beiträge und nicht die hälftigen wie bei der gesetzlichen Rente. Allerdings gilt hier ein Freibetrag von 164,50 Euro monatlich (2022). Erst auf Summen darüber werden die Sozialbeiträge fällig.

Privat Krankenversicherte zahlen ihren individuellen Beitrag unabhängig von der Rentenhöhe, Extra-Beiträge auf Versorgungsbezüge oder sonstige Kapitaleinkünfte zahlen sie nicht. Die Rentenversicherung überweist ihnen einen hälftigen Zuschuss, maximal in Höhe des gesetzlichen Beitragsanteils.

So kalkulieren Sie Ihre Ausgaben heute

Nutzen Sie die Vorlage und tragen Ihre monatlichen Lebenshaltungskosten sowie die Einnahmen ein. Jährliche Beträge teilen Sie durch zwölf.

Art der Ausgabe	Betrag heute	Betrag zum Start der vorgezogenen Rente	Betrag bei Erreichen des gesetzlichen Rentenalters
Arbeitslosenversicherung		(entfällt)	(entfällt)
Bekleidung, Schuhe			
Bildung		(steigt evtl.)	(steigt evtl.)
Freizeit		(steigt evtl.)	(steigt evtl. und sinkt später)
Gesetzliche Rentenversicherung		(entfällt oder freiwillig zahlen)	(entfällt)
Gesundheit			(steigt evtl.)
Innenausstattung, Haushaltsgeräte			
Beitrag Lohnfortzahlung		(entfällt)	(entfällt)
Kultur		(steigt evtl.)	(steigt evtl.)
Nahrungsmittel, Getränke, Tabak			
Post, Telekommunikation			
Private Versicherungen		(entfällt teilweise, z. B. Berufsunfähigkeit)	(entfällt teilweise, z. B. Berufsunfähigkeit, Rechtsschutz)
Reisen		(steigt evtl.)	(steigt evtl. und sinkt später)
Restaurants, externe Unterkunft (Ferienwohnung, Hotel)		(steigt evtl.)	(steigt evtl. und sinkt später)
Sparplan		(entfällt)	(entfällt)
Unterhaltung			

Art der Ausgabe	Betrag heute	Betrag zum Start der vorgezogenen Rente	Betrag bei Erreichen des gesetzlichen Rentenalters
Vereine			
Verkehr, Mobilität			
Wohnen, Energie (inklusive Miete oder Kreditrate)			(entfällt teilweise, z. B. Miete, Kreditrate)
Sonstige private Vorsorge		(entfällt)	(entfällt)
Sonstige Ausgaben			
Ergibt Gesamtausgaben			

So kalkulieren Sie Ihre Einnahmen im Ruhestand

Verwenden Sie bei den Einnahmen nach Möglichkeit Netto-Beträge, also nach fälligen Steuern und Abgaben. Lesen Sie dazu auch die Hinweise im Anschluss an die Tabelle.

Art der Einnahme	Betrag heute	Betrag zum Start der vorgezogenen Rente	Betrag bei Erreichen des gesetzlichen Rentenalters
Auszahlplan			
Betriebsrente	(entfällt)	(entfällt oder mit Abschlägen)	
Erfolgsprämie		(entfällt)	(entfällt)
Gehalt		(entfällt)	(entfällt)
Gesetzliche Rente	(entfällt)	(entfällt oder mit Abschlägen)	
Gold, Edelmetalle			
Mieteinnahmen			
Pension	(entfällt)	(entfällt oder mit Abschlägen)	

Art der Einnahme	Betrag heute	Betrag zum Start der vorgezogenen Rente	Betrag bei Erreichen des gesetzlichen Rentenalters
Riester-Rente	(entfällt)	(entfällt oder mit Abschlägen)	
Rückwärtshypothek, Teilverkauf, Beleihung einer Immobilie	(teils möglich)		
Rürup-Rente	(entfällt)	(entfällt oder mit Abschlägen)	
Sonstige Rente	(entfällt oder mit Abschlägen)		
Tagesgeldkonto			
Tantiemen			
Urheber- und Verwertungsrechte			
Urlaubsgeld		(entfällt)	(entfällt)
Versorgungsausgleich	(entfällt)		
Versorgungswerk	(entfällt oder mit Abschlägen)	(entfällt oder mit Abschlägen)	
Weihnachtsgeld		(entfällt)	(entfällt)
Wertpapierdepot			
Ergibt Gesamteinnahmen			

„Das wird häufig im Ruhestand vergessen!“

Olaf Stotz ist Professor an der „Frankfurt School for Finance & Management“. Er entwickelte den „Pensionpilot“, der hilft, Wissenslücken in der Altersvorsorge zu schließen. Stotz plädiert für einen ganzheitlichen Blick bei der Ruhestandsplanung.

Was stört Sie an der derzeitigen Information über Rente und Ruhestand in Deutschland?

Das Thema ist unnötig komplex und wird den Bundesbürgern nicht anschaulich genug dargestellt. Kaum jemand kann seine Einkünfte bei Rentenbeginn heute richtig einschätzen, es ist für die meisten ein finanzieller Nebelflug.

Was ist Ihrer Meinung nach die Ursache dafür?

Neben der gesetzlichen Rente gibt es ja immerhin noch fünf verschiedene Systeme für Betriebsrenten, dann staatlich geförderte Riester- oder Rürup-Renten sowie private Renten- und Lebensversicherungen mit Steuervorteilen im Vergleich zum zusätzlichen Sparen am Kapitalmarkt. Die Ampel-Regierung plant jetzt eine zusätzliche Aktien-Rente für alle. Das kann man sogar begrüßen, aber es fehlt der Überblick. Nirgendwo lässt sich bis heute ein Gesamtbild abrufen. Wir laufen Gefahr, dass Menschen völlig wahllos irgendetwas kaufen, weil sie Furcht vor Altersarmut haben. Oder dass sie in dieser Verwirrung gar nichts tun.

Wie erklären Sie sich diese Situation?

In der Politik sind zu viele verschiedene Ministerien für die Altersvorsorge zuständig. Banken, Versicherer oder Finanzdienstleister bieten ihren Kunden häufig Produkte an, mit denen sie in erster Linie Geld verdienen wollen, ohne deren Probleme der Alterssicherung wirklich zu lösen. Das müssen wir schon aus staatlicher Fürsorge heraus schnell beenden. Langjährige Forschungen zeigen, dass viele Menschen ihre individuelle Altersvorsorge nicht verstehen und deshalb keine klare Vorstellung über ihr Einkommen im Alter haben.

Wieso ist das so wichtig?

Die Altersvorsorge ist eine der wesentlichen Herausforderungen in unserer Gesellschaft für die nächsten Jahrzehnte. Denn durch die Alterung unserer Gesellschaft, das kontinuierliche Absinken des gesetzlichen Rentenniveaus und die steigende Bedeutung der privaten Altersvorsorge kommen auf den Privatanleger jetzt Entscheidungen zu, über die sich die Generationen vor uns kaum Gedanken machen mussten.

Sie selber haben einmal sogenannte „Rentenlückenrechner" getestet und kamen zu sehr ernüchternden Ergebnissen. Warum?

Es fing schon damit an, dass keiner der 20 Rechner die gesetzliche Rente ausreichend hoch einschätzte – bis zu 745 Euro fehlten monatlich in unserem Testlauf bis zu einer realistisch kalkulierten Rentenhöhe von Staats wegen. Das vergrößert in der Tendenz dann die erwartete Rentenlücke. Für die 40-jährige Musterperson schwankte somit die von den 20 Rechnern ausgewiesene angebliche Lücke zwischen 409 und 1277 Euro monatlich, also um das Vierfache. Das ist doch absurd! Aus Verbrauchersicht kann daraus eine starke Verunsicherung aufgrund der unterschiedlichen Ergebnisse entstehen mit der Folge, für das Alter gar nicht vorzusorgen – nach dem Motto: „Wenn die Experten schon nicht wissen, wie hoch meine Rentenlücke ist, dann mach' ich erst mal gar nichts."

Daraufhin haben Sie selber einen Rechner entwickelt …

Ja, denn wir wollten mit dem „Pensionpilot" einfach einmal anfangen und nicht auf staatliche Lösungen warten. Unser Rechner berücksichtigt die Inflation und die zu erwartende Steuerlast. Kaum jemand hat im Blick, dass 2000 Euro in zwanzig Jahren durch zwei Prozent Inflation auf 1346 Euro abschmelzen, schon bei drei Prozent Inflation bleibt nur noch eine Kaufkraft von etwas mehr als 1100 Euro übrig. Darauf muss man sich einstellen können.

Was fehlt noch alles für eine wirklich umfängliche Analyse der Alterseinkünfte?

Es sind ja häufig gar nicht alle Vermögenswerte erfasst, die zur Ruhestandsfinanzierung eingesetzt werden können: Anwartschaften aus Betriebsrenten werden oft übersehen oder der Versorgungsausgleich bei Scheidungen. Hinzu kommen Immobilien, die sich wieder in regelmäßige Renten umwandeln lassen, während man dort wohnen bleibt. Das Angebot ist in Deutschland noch sehr unterentwickelt. Unser „Pensionpilot" berücksichtigt immerhin schon Immobilien und wir werden ihn im Hinblick auf weitere aktivierbare Vermögenswerte ausbauen.

Wie steht es um professionelle Auszahlpläne – etwa für Wertpapierdepots oder größere Geldvermögen?

Es gibt sie hierzulande so gut wie nicht – abgesehen von den sehr unattraktiven Sofortrenten. Finanzindustrie und Politik animieren die Bürger, viel anzusparen, aber wie sie es dann sinnvoll im Ruhestand „ent-sparen" sollen, sagt ihnen keiner. Das muss man sich dann selber stricken. Dabei gibt es aus dem angloamerikanischen Raum längst genügend Erfahrungen mit solchen Auszahlplänen.

Lücken richtig einschätzen? Das leisten Rentenrechner

Per Knopfdruck den Überblick zum aktuellen Stand in der Altersvorsorge erhalten: Diesen praktischen Service versprechen Online-Rechner und Apps. Wie aussagekräftig sind sie?

→ **Große Schwächen** offenbaren viele Rentenrechner. Sie versprechen, mögliche Lücken in der Altersvorsorge für jeden individuell zu bestimmen. Es gibt sie im Internet und in App-Stores unter „Rentenrechner" oder „Rentenlückenrechner". Mal fehlen aber klare Hinweise auf Steuern und Abgaben, mal wird die Inflation ausgeblendet. Oder sie erfassen die Rentenansprüche inklusive der privaten Vorsorge völlig unzureichend. In einem Testlauf unter zehn Rechnern für den Musterfall eines 50-Jährigen mit gesetzlicher Rente und privater Vorsorge ergaben sich Werte für das zu erwartende monatliche Ruhegeld zwischen 1 299 bis 2 310 Euro. Als Rentenlücke, die oft nicht genau definiert wird, präsentierten die getesteten Rechner Werte zwischen 240 Euro bis hin zu absurden 1,5 Millionen Euro.

Fazit: Die Aussagekraft solcher Rechner ist meist fragwürdig und erweckt eher den Eindruck, als sollten die Nutzer zu Investments verleitet werden, an denen die Anbieter womöglich auch noch verdienen. Darauf sollten Sie Ihre Rentenplanung besser nicht aufbauen.

Der andere Blickwinkel

Ein erster Testlauf für eine neue digitale Renteninformation ist 2023 geplant. Sie soll für jeden Bundesbürger die Ansprüche aus gesetzlicher, betrieblicher und privater Vorsorge zusammenfassen und bei der Deutschen Rentenversicherung (DRV) angegliedert sein. Welche Daten von Banken, Fondsgesellschaften oder Versicherungen erfasst sind, ist strittig. Sie können aber schon jetzt Ihre gesetzliche und private Vorsorgesituation mit speziell geschulten Fachleuten klären lassen: Kontaktieren Sie Ihre DRV vor Ort und fordern Sie eine „Altersvorsorge-Beratung" oder „Intensiv-Beratung". Unterlagen nicht vergessen (siehe Seite 34)!

Warum Sie eine Privatrente aufbauen sollten

Wer schneller aus dem Berufsleben aussteigen möchte, muss sein Gehalt durch andere Einkommensquellen ersetzen, die möglichst lange sprudeln. Dafür eignen sich längst nicht alle Finanzinstrumente.

Geld verdienen wie im Schlaf – diese Vorstellung sollte man gleich zu Beginn seiner Ruhestandsplanung beerdigen. Denn in den meisten Fällen muss man zuvor doch einen beachtlichen Aufwand betreiben, um das nötige Geld anzusparen oder die adäquate Anlageform überhaupt erst ausfindig zu machen.

Eine klassische Form dieses passiven Einkommens sind Einnahmen aus Mietobjekten. Sie müssen hierbei nicht wirklich (viel) arbeiten, um solche Einkünfte zu generieren. Sie können dabei auf Reisen gehen, Ausspannen oder ein neu entdecktes Hobby perfektionieren. – Und im Idealfall sprudelt diese Geldquelle, ohne dass Sie hierfür viel tun müssen.

Einen gewissen Aufwand für die Verwaltung sollten Sie einplanen. Doch dieser ist im Vergleich zu Arbeitseinkommen mit einem Job gering. Nicht zu unterschätzen ist allerdings der finanzielle Anfangsaufwand, um sich erst einmal eine Immobilie leisten zu können, die man dann weiter vermietet.

Mit Bedacht ausgewählte Aktien und Fonds funktionieren auf vergleichbare Weise und schaffen gleichermaßen passive Einkünfte, die regelmäßig das Konto auffüllen. Ein gewisses Startkapital ist hier genauso vonnöten.

Diese private Zusatzrente werden Sie vor allem bei einem früheren Ruhestand benötigen: Zum einen setzt die Zahlung einer regulären Rente per Gesetz erst mit 63 bis 67 ein. Den Zeitraum bis dahin müssen Sie erst einmal überbrücken. Zum anderen werden Sie durch den vorgezogenen Rentenstart auch weniger Beiträge an die Rentenkasse überweisen und können so auch nur ein geringeres gesetzliches Ruhegeld erwarten. Und nicht vergessen sollten Sie Ihre möglichen Ansprüche an die frühe Auszeit: Sie sind noch jünger, eventuell auch aktiver und Ihre neu entdeckten Interessen oder Hobbys können das Portemonnaie schnell leeren.

Einen Geldfluss starten: Die Do-it-yourself-Rente

Aus einem überschaubaren Einsatz von Zeit und Geld sollen laufend Erträge an Sie sprudeln. Dazu gibt es vielfältige kreative Konzepte, die entscheidende Vor- und Nachteile aufweisen.

Einmal investiert, lange ausgesorgt – damit die Idee eines passiven Einkommens funktioniert, müssen möglichst regelmäßige und kalkulierbare Geldströme auf Ihr Konto gelenkt werden. Dazu lassen sich im Wesentlichen diese vier Optionen herausfiltern:

1. **Rente aus Geldanlagen ohne Kapitalverzehr.** Dies können die bekannten Mieteinkünfte sein, ebenso Zinseinnahmen aus Wertpapieren wie Anleihen, auch Aktien und Fonds mit regelmäßigen Dividendenausschüttungen oder Wertsteigerungen, die man durch Verkauf realisiert. Das Ziel ist hier, den Kapitalstock möglichst zu erhalten. Eine vermietete Mietwohnung zum Beispiel sollte ihren ursprünglichen Kaufpreis über die Jahre behalten. Das setzt regelmäßige Instandhaltungsmaßnahmen und Renovierungen wie Erneuerung des Bades oder der Heizung voraus. Bei allen diesen Renten aus Geldanlagen ohne Kapital-

verzehr sind jedoch Kurs- und Wertschwankungen zu beachten: Wie viel wird die Immobilie wert sein, wenn sie verkauft werden soll? Selbst bei Anleihen kann der Kurs steigen oder abstürzen, ebenso bei Aktien und Fonds. Damit besteht das Risiko, bei einem Verkauf oder am Laufzeitende weniger herauszubekommen als gedacht.

2 **Rente aus Geldanlagen mit Kapitalverzehr.** Hier wäre an Auszahlpläne zu denken, ebenso an Sofortrenten, Rückwärtshypotheken oder an private Kapitallebens- und Rentenversicherungen, die eine monatliche Auszahlung anstelle eines Einmalbetrages vorsehen. Sofortrenten sowie Kapitallebens- und Rentenversicherungen sind aufgrund der mickrigen Zinsen sowie der hohen Kosten heute als Neuabschluss nicht mehr empfehlenswert. Allenfalls ältere Versicherungstarife mit höheren Verzinsungen könnten interessant sein. Einige ältere Rentenversicherungen garantieren auch noch ansehnliche lebenslange Monatszahlungen. Bei allen diesen Geldanlagen mit Kapitalverzehr lautet stets die entscheidende Frage, wie lange der Geldfluss sprudelt, bis die Quelle versiegt.

3 **Rente aus Rechten.** Wenn Sie besonders kreativ sind und beispielsweise viele eigene Bücher, Schriften, Videos oder Musikstücke erstellen, dann erhalten Sie Tantiemen von den Verwertungsgesellschaften (in Deutschland vor allem VG Wort und GEMA). Für einen einmalig im öffentlich-rechtlichen Rundfunk gespielten Drei-Minuten-Song können im günstigen Fall schon Tantiemen von mehr als 70 Euro anfallen. Davon sind Gebühren für die GEMA abzuziehen. Allerdings müssten Sie es doch für eine relevante monatliche Rentenhöhe auf eine ganze Reihe von Hits bringen, die auch möglichst dauerhaft gespielt werden.
Komplizierter ist es mit Rechten aus Erfindungen. Geschützt sind Patente, Gebrauchsmuster, Marken, eingetragene Designs oder Topografien (zum Beispiel Strukturen von Mikrochips). Sie laufen maximal zehn bis 25 Jahre, lediglich der Schutz von Marken lässt sich unbegrenzt verlängern. Um einen Rentenfluss hieraus zu starten, müssen Sie Ihre Erfindung meist mit anwaltlicher Hilfe anmelden und auch deren Nutzung durch Dritte kontrollieren.

4 **Rente aus Online-Shops.** Die Idee ist hier, mit einem möglichst großen Angebot viel Umsatz und hoffentlich auch Gewinne zu generieren. Tatsächlich ist mithilfe digitaler Werkzeuge der Aufbau eines Online-Shops heute vergleichsweise einfach. Erfolgreiche T-Shirt-Shops etwa müssen regelmäßig Hunderte verschiedener (neuer) Designs offerieren, um ein weltweites

Publikum mit seinen Vorlieben anzusprechen und so die erforderlichen Stückzahlen für einen wirtschaftlichen Betrieb erzielen zu können. Tatsächlich ist mithilfe digitaler Werkzeuge der Aufbau eines Online-Shops heute vergleichsweise einfach, und doch unterschätzt man das nötige Engagement.

Dringend abzuraten ist von weiteren scheinbar cleveren Ideen zum Generieren einer dauerhaften eigenen Rente wie Investments in Kryptowährungen (etwa Bitcoins) oder dem Verleihen von Geld an Privatleute über Plattformen zu hohen Zinssätzen („Peer-to-Peer-Kredite"). Die Risiken von Totalverlusten sind für eine Ruhestandsplanung viel zu hoch.

Wie Sie Aktien und ETF optimal einsetzen

Aktien und Indexfonds wie ETF eignen sich besonders gut als Grundbausteine für eine vorgezogene Rentenplanung. Mit ihnen lässt sich das Risiko sehr vorteilhaft streuen.

→ **Am Unternehmenserfolg** teilhaben. Letztlich steckt genau diese Strategie hinter dem Kauf von Aktien oder Indexfonds.

Während man sich mit Aktien immer nur an einem einzelnen ausgewählten Unternehmen beteiligt, splitten Indexfonds das Geld der Anleger auf Hunderte oder Tausende ausgewählter Firmen, von denen man dann Bruchteile erwirbt. Unternehmen geben bei ihrem Börsengang Aktien heraus, um so Kapital von Investoren einzusammeln.

Auch bei ETF (Exchange Traded Funds; auf Deutsch: börsengehandelte Fonds) bildet letztlich die Einzelaktie von Unternehmen den Kern. Der Unterschied besteht allerdings darin, dass der jeweilige Herausgeber viele Firmenaktien bündelt – und zwar häufig nach einem Ranking der Umsatzstärke, des Gewinns oder der Masse an gehandelten Anteilen. Diese Unternehmensanteile werden im ETF dann oft nach den Indizes für die wichtigsten Börsen (zum Beispiel DAX, Standard & Poors, FTSE) zusammengestellt.

Kurs MSCI-World im Vergleich zum Kurs der Tesla-Aktien

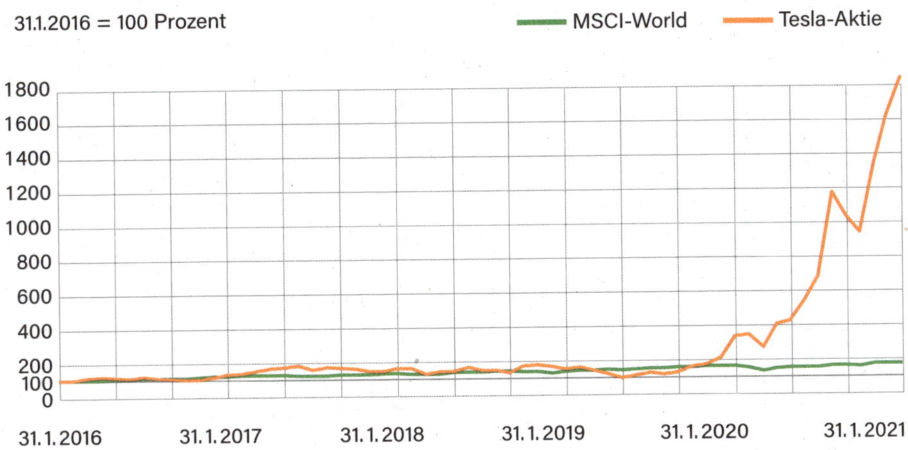

Quelle: Refinitiv

Demnach wäre das Potenzial der Einzelaktien verlockend. Allerdings bleibt die Frage nach dem passenden Kaufzeitpunkt. Viele Untersuchungen zeigen: Für Käuferinnen und Käufer ist es unmöglich, durch die Suche eines vermeintlich optimalen Einstiegszeitpunkts oder durch die Wahl einzelner Börsenwerte eine zuverlässige und vom Risiko bereinigte Rendite zu erwirtschaften, die über den Ergebnissen des breiten Marktes liegt. Der Kauf von Einzelaktien gleicht somit stets in gewisser Weise einer Wette.

Vorteile eines ETF-Sparplans

Vermögen leicht aufbauen: Schon mit kleinen monatlichen Beträgen (bei den meisten Banken ab 10 bis 25 Euro, bei Anbietern wie beim Vermögensverwalter DWS, der ING-Bank oder dem digitalen Finanzdienstleister Scalable Capital sogar schon ab einem Euro) können Anleger in einen breiten Aktienmix investieren und am Erfolg von Weltkonzernen wie Apple, Microsoft oder Alphabet (Google) teilhaben. Wer 30 Jahre lang 200 Euro pro Monat einzahlt, kommt bei einer eher vorsichtigen Rendite-

5 VORTEILE VON ETF

1 ETF sind preiswert. ETF haben kaum laufende Kosten. Der Ausgabeaufschlag entfällt, die Kaufkosten sind bei Direktbanken oft niedrig.

2 ETF-Sparen ist flexibel. Keine Vertragsbindung, ETF-Sparpläne lassen sich stets kündigen oder aussetzen, die Ratenhöhe kann verändert werden. Ergänzende Einmalzahlungen sind möglich.

3 ETF sind unkompliziert. Es gibt nichts Kleingedrucktes. Jeder ETF folgt stur einem Börsenindex. Trotz Turbulenzen drohen keine bösen Überraschungen.

4 ETF sind vielseitig. Riesige Auswahl für unterschiedliche Zielgruppen. Es können viele Aktien- und andere Indizes bespart werden: etwa breite globale oder sehr speziellen Länder-, Branchen- oder Strategieindizes.

5 ETF sind abgesichert. Fondsanteile gelten rechtlich als Sondervermögen und überleben so selbst Zusammenbrüche von Finanzinstituten.

annahme von durchschnittlich sechs Prozent pro Jahr auf einen Endbetrag von rund 175 000 Euro.

Normalerweise wäre es kaum möglich, mit monatlichen Beträgen von 50 Euro oder weniger an der Börse mitzumischen, denn Anlegerinnen und Anleger sollten unbedingt auf Aktien unterschiedlicher Firmen aus verschiedenen Geschäftsfeldern setzen, um das Risiko zu verteilen. Dafür sind weltweit streuende ETF ideal. Über ETF beteiligen sich Anleger an der Entwicklung von Unternehmen in Börsenindizes – zum Beispiel an allen Firmen, die im DAX dabei sind. Ein Fondsmanager ist dafür nicht nötig. Für ETF-Sparpläne eignen sich zwar andere Indizes besser, aber die funktionieren im Prinzip genauso. Beim ETF-Sparen wählt man eine Rate, die in Anteile des gewählten Indexfonds fließt. Mit jedem Monat erhöhen Anleger die Anzahl ihrer Fondsanteile und je nach aktuellem ETF-Kurs dann hoffentlich auch die angelegte Summe.

Der einzige Nachteil von ETF liegt in den unvermeidlichen Kursschwankungen. Wer unbedingt einen verlässlichen und vorher kalkulierbaren Wertzuwachs haben will, sollte nicht in ETF investieren. Aktienanlagen haben jede Menge Vorzüge, aber eines können sie nicht bieten: Sicherheit. In der Vergangenheit sind Anleger für das eingegangene Risiko aber fast immer gut entlohnt worden, wenn sie geduldig genug waren, um zwischenzeitliche Kurseinbrüche auszusitzen. Wer dafür nicht die Nerven hat oder kurz- bis mittelfristig auf sein Geld angewiesen ist, sollte von allem, was mit Aktien zu tun hat, die Finger lassen. Für alle anderen sind ETF-Sparpläne ein idealer Weg, dem ernüchternden Zinsalltag zu entkommen.

Bei der Auswahl des passenden Fonds für die Altersvorsorge sollten Sie auf möglichst breit streuende und internationale ETF setzen. Dazu gibt es Tausende Börsenindizes – für verschiedene Regionen, Branchen, Themen und weitere Aspekte. Nur wenige dieser ETF sind als Basisanlage für einen längerfristigen Vermögensaufbau geeignet. Für den Aufbau einer eigenen Privatrente sind diejenigen Fondsvarianten vorteilhaft, bei denen man sich nicht groß um die Wiederanlage zum Beispiel von Dividendenausschüttungen kümmern muss. Sie fließen automatisch ins Fondsvermögen. Diese ETF werden als „thesaurierend" bezeichnet. Oft haben die Fonds-Anbieter auch solche thesaurierenden Varianten im Angebot.

Hier ein Überblick der wichtigsten geeigneten Index-ETF für den privaten Rentenaufbau:

1. **MSCI World ETF:** Mit dem MSCI World bekommen Anleger eine sehr gute Streuung ihrer Anlage in rund 1600 Aktien aus 23 entwickelten Ländern. ETF auf den MSCI World Index sind als Basisanlage geeignet und werden bei den meisten Banken auch als Sparplan angeboten.

Der andere Blickwinkel

Auch beim ETF-Sparen sollten Sie die Steuern beachten. Ausschüttungen und Kursgewinne müssen bei ETF, wie bei allen anderen Fonds auch, versteuert werden. Für die Versteuerung von Kapitalanlagen gilt in Deutschland die Abgeltungsteuer. Dabei werden pauschal 25 Prozent fällig. Der Solidaritätszuschlag und eventuell Kirchensteuer kommen dazu. Allerdings bleiben Erträge steuerfrei bis zur Höhe des Sparerpauschbetrages von 1 000 Euro im Jahr beziehungsweise 2 000 Euro im Jahr für Ehepaare. Seit 2018 ist die Steuererklärung für ETF-Sparer deutlich einfacher geworden, da die Depotbank von nun an viele Aufgaben automatisch ausführt.

2. **MSCI All Country World ETF:** Noch mehr Aktien als im MSCI World sind im MSCI All Country World (MSCI ACWI) gelistet. Wer auf Schwellenländer nicht verzichten möchte, wählt stattdessen diesen breiteren Index. Er enthält auch die wichtigsten Unternehmen aus asiatischen, lateinamerikanischen, afrikanischen und osteuropäischen Schwellenländern. Der MSCI All Country World enthält über 2 400 Ak-

tien aus 47 Ländern. ETF auf diesen Index eignen sich damit ebenfalls als Basisanlage.

3 **FTSE All-World:** Der Index enthält rund 4000 Positionen aus 49 Industrie- und Schwellenländern. Er deckt mehr als 90 Prozent des Aktienkapitals ab, in das Anleger überhaupt investieren können. Anders als der MSCI All Country World enthält der FTSE All-World nicht nur große und mittelgroße Unternehmen (sogenannte „Large Caps" und „Mid Caps"), sondern auch einige kleine Titel („Small Caps"). Auch ETF auf diesen Index eignen sich als Basisanlage.

4 **MSCI Emerging Markets ETF:** Mit einem ETF auf den Index MSCI Emerging Markets können sich Anlegerinnen und Anleger breit gestreut an Schwellenländern beteiligen – von China bis Südamerika bis zu Staaten des Nahen Ostens. Viele haben Russland ausgeschlossen. ETF auf Schwellenländer-Indizes sind keine Basisanlage, eher eine Beimischung.

5 **STOXX Europe 600 ETF:** Anleger, die in den europäischen Raum investieren wollen, können in ETF auf den MSCI Europe investieren. Der Index enthält rund 440 Titel aus 15 europäischen Industrieländern, angeführt von Großbritannien, Frankreich und der Schweiz. Deutschland liegt an vierter Stelle. Auch bei ETF auf den STOXX Europe 600 finden Anleger eine gute Streuung ihrer Anlage für einen privaten Rentenaufbau.

6 **DAX ETF: Aktienfonds aus Deutschland** eignen sich zwar nicht als Basisanlage, sind aber gerade bei einheimischen Anlegern sehr beliebt, weil sie leicht im Blick zu behalten sind. Der DAX enthält die 40 größten Börsenunternehmen aus Deutschland. Das Risiko ist aufgrund der geringen Streuung hoch, weshalb sie nur als Beimischung geeignet sind.

7 **Dow Jones ETF:** Der Dow Jones ist der berühmteste Index der Vereinigten Staaten. Er orientiert sich, anders als die meisten anderen Indizes, nicht am Marktwert von Börsengesellschaften. Über seine Zusammensetzung entscheidet eine Kommission des Herausgebers. Der Dow Jones enthält 30 der wichtigsten US-amerikanischen Konzerne. Diese ETF eignen sich somit nur für erfahrene Fonds-Sparer als Beimischung.

Aktien als Depot-Ergänzung auswählen

Kern und Satelliten: Als Kern Ihrer Strategie sollten Sie auf jeden Fall oben genannte breit streuende ETF auswählen. Einzelaktien können Sie beimischen, um eine höhere Rendite zu erreichen. Vorsichtige Anleger sollten nicht mehr als zehn Prozent der Anlagesumme in Einzelaktien investieren.

Erfahrene und stärker risikobereite Anleger sollten maximal auf 20 Prozent gehen.

Die Kern-Satelliten-Strategie erfordert jedoch einen Kompromiss: Sobald man ETF und Einzelaktien kombiniert, verbindet man zwar die Vorteile einer passiven Abbildung des Marktes (über ETF) mit einer aktiven Jagd nach höherer Rendite (Einzelaktien). Beide Konzepte werden so aber genau genommen verwässert. Wer im Kern über einen längeren Zeitraum an der recht zuverlässigen Marktentwicklung teilhaben möchte, läuft mit einem größeren Satelliten-Anteil aus Aktien dann Gefahr, schlechter abzuschneiden, als wenn man sich einzig auf die ETF festlegen würde. Die Strategie bedient ein wenig den psychologischen Effekt von vielen Anlegern, die mit manchmal als etwas „langweilig" empfunden ETF-Sparplänen das Gefühl beschleicht, sie würden am Aktienmarkt etwas verpassen. Dies sollte man sich nur klar machen und dann entscheiden, zu welchen Kompromissen beim Aufbau einer privaten Altersvorsorge man bereit ist (siehe auch „Der Rendite-Baustein", Seite 65).

Einen Produktfinder für ETF mit regelmäßig aktualisierten Testergebnissen finden Sie unter test.de/investmentfonds. Sehr hilfreich sind hier die Beurteilungen „1. Wahl" für die Auswahl zuverlässiger und passender Fonds zum Aufbau einer privaten Rente in der Fondsgruppe „Welt".

Mit dem „Pantoffel-Portfolio" auf Nummer sicher gehen

Weil es so bequem ist, verbindet das von Finanztest entwickelte Anlagekonzept zwei „Pantoffel": einen für Sicherheit und einen für Rendite.

Mehr Rendite, aber mit Sicherheit. Das Pantoffel-Portfolio besteht aus zwei Bausteinen, die jeder selbst und kostengünstig kombinieren kann:

- **Ein Tagesgeldkonto oder einen Tagesgeld-Festgeld-Mix.** Dieser bringt Stabilität und zuverlässige Zinseinnahmen – wenn auch derzeit geringe.
- **Aktien-ETF.** Sie streuen das Anlagerisiko breit und bringen Rendite.

Die einfachste Variante des Pantoffel-Portfolios besteht aus einer 50–50-Mischung, also jeweils zur Hälfte Sicherheitsbaustein und zur Hälfte Renditebaustein. Sie passt für die meisten Anleger.

Der erste Baustein ist ein Tagesgeldkonto oder ein Mix aus Tagesgeld und Festgeld. In manchen Fällen passt anstelle des Tagesgeld-/Festgeldkontos auch ein ETF, der in sichere europäische Staats- und Unternehmensanleihen investiert.

Als zweiter Baustein eignet sich ein ETF auf den MSCI World, den gebräuchlichsten Weltaktienindex (siehe auch Seite 61).

Anders als mit einer Rentenversicherung sind Anleger mit einem Pantoffel-Portfolio sehr flexibel. Sie können jederzeit auch größere Summen entnehmen, wenn sie Geld brauchen; sie gehen keine vertragliche Verpflichtung ein, und sie können auch später zum Beispiel bei einem Versicherer oder einer Bank eine Sofortrente abschließen. Sie steuern das Risiko und die Renditechancen ihrer Geldanlage selbst und können die Laufzeit verkürzen oder verlängern. Der Nachteil: Es gibt keine garantierten lebenslangen Zahlungen wie bei einer Rentenversicherung. Wenn das Geld des Pantoffel-Portfolios aufgebraucht ist, geht nichts mehr.

Der Sicherheitsbaustein

Pantoffel-Typ bestimmen: Wichtig ist, dass Sie zu Beginn der Pantoffel-Strategie zunächst Ihre Risikobereitschaft ermitteln und festlegen. Denn diese bestimmt, wie groß der Anteil ist, den Sie in den Sicherheitsbaustein investieren wollen. Trauen Sie sich eine ehrliche Analyse zu: In guten Zeiten halten sich die meisten für risikofreudig. Aber wie sieht es wirklich bei Krisen aus? Kommt man mit einem Crash von 50 Prozent klar? Das entspricht fast dem maximalen Verlust, den es an den Aktienmärkten in den vergangenen 30 Jahren gab.

Defensiver Anleger: 25 Prozent in Aktien über ETF, 75 Prozent Tagesgeld/Festgeld.

Ausgewogener Anleger: 50 Prozent in Aktien/ETF, 50 Prozent Tagegeld/Festgeld.

Offensiver Anleger: 75 Prozent in Aktien/ETF, 25 Prozent Tagesgeld/Festgeld.

Wer nicht sicher ist, welche Risiken er aushalten kann, rechnet konkret: Für einen ausgewogenen Anleger hieße so ein Crash, er stünde auf einmal statt mit 100 000 Euro nur noch mit 75 000 Euro da. Denn: 50 000 Euro liegen ja sicher auf dem Tagesgeld, aber der Aktien-ETF ist von 50 000 auf 25 000 Euro geschrumpft. Drastischer sieht es beim offensiven Anleger aus: Von 100 000 Euro bleiben nach dem 50-Prozent-Crash noch 62 500 Euro übrig. Die Mischung des sehr vorsichtigen defensiven Anlegers würde hingegen nur auf 87 500 Euro fallen. Wer auch das nicht aushält, bleibt besser komplett bei Tagesgeld.

Die besten Angebote zu Tagesgeld, Festgeld oder Sparbriefen findet man über den Tagesgeldvergleich (siehe unten). Um einen Sparplan mit einem Tagesgeldkonto anzulegen, richtet man einfach einen Dauerauftrag vom Girokonto ein.

Die Verzinsung lag 2022 (noch) vergleichsweise niedrig: Für Tagesgelder zwischen 499 und 100 000 Euro gab es zwischen 0,3 bis 0,51 Prozent. Festgelder und Sparbriefe bringen bei drei Monaten Laufzeit 0,4 Prozent, bei einem Jahr Laufzeit 1,7 Prozent. Ab zwei Jahren gibt es 1,75 Prozent, ab drei Jahren immerhin 1,85 Prozent. Wer in Laufzeiten von zehn Jahren anlegt, erhält bis 2,2 Prozent. Wie sich der Zinstrend nach dem Inflationsschub des Jahres 2022 entwickelt, sollte laufend beobachtet werden.

Der Renditebaustein

Von Kurssteigerungen profitieren: Mit Aktienfonds, wie sie in ETF abgebildet werden, lassen sich deutlich höhere Renditen erzielen als nur mit Tagesgeld oder Festgeld. Auf dem Weltaktienmarkt waren in den vergangenen Jahrzehnten im Schnitt Renditen zwischen sechs und acht Prozent pro Jahr möglich. Die Kehrseite: Pantoffel-Portfolios

Aktuelle Angebote zu Tagesgeld und Festgeld und weitere nützliche Informationen finden Sie auf der Homepage der Stiftung Warentest unter test.de/Tagesgeldkonten.

Checkliste

Für wen sich die Pantoffel-Rente rentiert

- ☐ Sie können einen Großteil Ihrer regelmäßigen Ausgaben aus anderen Quellen decken, möchten gerne eine zusätzliche monatliche Einkommensquelle und ertragen Schwankungen.
- ☐ Sie möchten eine Chance auf höhere Entnahmen und ein wachsendes Vermögen haben.
- ☐ Sie wollen flexibel bleiben und größere Beträge aus dem Vermögen entnehmen können.
- ☐ Sie möchten nur für einen begrenzten Zeitraum planen – etwa bis zum Erreichen der regulären Altersrente oder bis zum früheren Ausstieg aus dem Job.
- ☐ Sie kennen sich mit Geldanlagen aus, trauen sich die Verwaltung Ihres Vermögens zu und bleiben bei Börsencrashs entspannt.
- ☐ Sie möchten viel Geld für Ihre Erben erhalten, sollten Sie frühzeitig sterben.

unterliegen somit den Schwankungen der Börsen. Es kann Jahre geben, die unterm Strich mit Verlust enden. Wer zwischenzeitliche Verluste gar nicht verkraften kann, für den ist das Pantoffel-Portfolio zum Aufbau einer privaten Rente leider nicht geeignet.

Zentraler Start ist ein Sparplan auf ETF (siehe Seite 58 ff.). Loslegen kann man bereits mit kleinen Beträgen, zum Beispiel mit 25 oder 50 Euro pro Monat. Für eine Altersvorsorge sind jedoch höhere Beträge ab 100 Euro und mehr sinnvoll. Die Sparrate lässt sich jederzeit ändern oder man kann auch einmal ein paar Monate gar nichts beiseitelegen. Es gibt keine feste Laufzeit, doch es empfiehlt sich, einen Sparplan mit Aktien nur abzuschließen, wenn man auf das eingezahlte Geld länger als zehn Jahre verzichten kann. Wer sich für einen Pantoffel-Sparplan in der 50-50-Variante entschieden hat, teilt seine Sparrate auf und zahlt zum Beispiel 50 Euro in einen ETF-Sparplan ein und die anderen 50 Euro per Dauerauftrag auf sein Tagesgeldkonto. Wer schon ein bisschen was auf die Seite gelegt hat, kann sein Geld auch auf einen Schlag in ein Pantoffel-Portfolio stecken. Anders als beim Sparplan kaufen Anleger und Anlegerinnen die ETF-Anteile dann nicht direkt bei der Bank, sondern geben bei ihrer Bank eine Börsenorder auf. Gerade bei der Einmalanlage warten viele aus Angst vor einem Crash in guten Börsenphasen erst einmal ab, ehe sie ihr Geld investieren. Meistens lassen sie dabei wertvolle Zeit verstreichen. In der Regel ist es besser, einfach loszulegen. Einmalanlagen lohnen sich bei Onlinebanken ab Summen von 10 000 Euro, bei Filialbanken ab 20 000 Euro. Einsteigen geht jederzeit.

Den Schwankungen an den Börsen begegnen Anleger mit dem Pantoffel-Prinzip durch ein antizyklisches Anpassen ihres Investments: Fallen die Aktienkurse, kaufen sie günstig Anteile nach. Steigen die Kurse, verkaufen sie ETF-Anteile mit Gewinn. Wichtig ist, das Depot immer so ungefähr im Gleichgewicht gemäß der eigenen Risikoneigung zu halten. Es ist ratsam, einmal im Jahr zu schauen, ob eine Anpassung nötig ist – und immer dann, wenn es an den Börsen besonders turbulent zugeht. Um nachzukaufen, braucht man kein extra Geld – man schichtet im Portfolio um. Beim ausgewogenen Portfolio sollte man anpassen, sobald der Aktienanteil auf über 60 Prozent steigt oder unter 40 Prozent fällt. Bei der defensiven oder offensiven Mischung, sobald der Aktien-ETF über 35 beziehungsweise 85 Prozent klettert oder unter 15 beziehungsweise 65 Prozent sinkt. Beim Sparplan lenken Sie so lange beide Raten in den Portfolio-Bestandteil mit dem zu geringen Gewicht, bis die Aufteilung wieder stimmt. Danach teilen Sie die Rate auf wie gehabt. Bei der Einmalanlage schichten Sie direkt um: Was in der einen Anlageklasse zu viel ist, kommt in die andere. Meistens müssen Anleger aber gar nichts tun. Das Pantoffel-Portfolio läuft über Jahre sehr bequem.

Der andere Blickwinkel

Vorsicht bei Alternativen zu Tages- und Festgeld. Hierbei wurden in Niedrigzins-Zeiten oft auch ETF auf Staatsanleihen und Firmenanleihen gerne gekauft. Diese Rentenfonds konnten in den vergangenen Jahren teilweise hohe Kursgewinne erzielen, da die Kurse von solchen Rentenfonds steigen, sobald die Zinsen fallen. Wenn die Zinsen jedoch steigen, rutschen solche Rentenfonds ins Minus. Wie stark und wie lange, hängt davon ab, wie lange und wie stark der Zinsanstieg ist. Da viele Anleger Kursverluste beim sicheren Baustein der Pantoffel-Anlage vermeiden wollen, sind in den Kalkulationen alle Pantoffel-Varianten mit den Zinsen eines Tagesgeldkontos zur Sicherheit mit null Prozent berechnet.

Der „Pantoffel-Auszahlplan"

Clever sparen und kassieren: Der Reiz des Pantoffel-Portfolios liegt vor allem darin, dass man mit ihm gleichzeitig sparen und eine Rente kassieren kann. Die Pantoffel-Rente ist fast genauso einfach und bequem wie in der Ansparphase. Aber sie verlangt ein bisschen Planung. Bevor es losgeht, müssen Sparer planen, was sie mit der Rente

So entwickelte sich ein Pantoffel-Sparplan

Die Tabelle zeigt, wie sich ein Pantoffel-Sparplan mit je zur Hälfte Aktien und Zinsanlagen in den vergangenen 30 Jahren entwickelt hat. Für den Tagesgeld-Anteil gilt ein Zinssatz von 0 Prozent.

	Rendite* p. a. bei Laufzeit					Risiko*
Risikotyp / Geldanlage	30 Jahre	20 Jahre	10 Jahre	5 Jahre	1 Jahr	Schlechteste Jahresrendite
Nur Tagesgeld	0	0	0	0	0	0
Defensiv (25 % Aktien-ETF / 75 % Tagesgeld / Festgeld)	3,0	3,4	3,7	3,5	0,2	–10,7
Ausgewogen (50 / 50 %)	5,1	5,7	6,4	6,7	0,4	–21,3
Offensiv (75 / 25 %)	6,6	7,8	9,4	9,7	0,7	–29,2
Nur Aktien-ETF	8	9,8	11,7	12,5	0,9	–39,2

*Angaben in Prozent; Quelle: Refinitiv; test.de; Stand 31.7.2022

erreichen wollen. Danach ist der Aufwand überschaubar.

Anleger müssen dann nur zwei Dinge tun:

- **Erstens** sollten Sie die Rentenhöhe regelmäßig anpassen. Hier ist der kostenlose Entnahme-Rechner der Stiftung Warentest hilfreich: test.de/entnahmerechner.
- **Zweitens** sollten Sie mindestens einmal im Jahr überprüfen, ob die Aufteilung zwischen Aktien-ETF und Tagesgeld noch stimmt und eventuell das Depot zwischen dem geplanten Anteil von Sicherheitsbaustein und Renditebaustein ausbalancieren.

Es ist sinnvoll, Ihre monatlichen Raten der Privatrente immer aus dem Tagesgeld zu entnehmen. Dazu überweisen Sie einfach das Geld vom Tagesgeldkonto auf Ihr Girokonto. Die anfängliche Auszahlung läuft im Normalfall über ein Jahr. Dann sollten Sie Ihre monatlichen Auszahlungen neu berechnen. Da ein Verlustpuffer für einen Crash bereits eingebaut ist, müssen Sie – sollten die Börsen in einer guten Börsenphase plötzlich doch einbrechen – nicht alles noch einmal ausrechnen. Keine Sorge: Unser Puffer-Pantoffel-Portfolio ist so angelegt, dass die monatlichen Entnahmebeträge im Laufe der Zeit nicht oder nur geringfügig sinken. Im Gegenteil: Der Pantoffel-Entnahmeplan ist so kalkuliert, dass die Auszahlungen im Laufe der Jahre sogar steigen.

Der Entnahmeplan der Pantoffel-Rente lässt sich leicht mit einem Beispiel von 100 000 Euro nachvollziehen. Auf test.de berechnen wir jeden Monat neu, wie sich Auszahlpläne mit dem Welt-Pantoffel-Portfolio in den verschiedenen Risikovarianten defensiv, ausgewogen und offensiv über verschiedene Laufzeiten entwickelt hätten. Dabei starten wir mit 100 000 Euro und entnehmen monatlich einen bestimmten Betrag. Die Entnahmen erfolgen immer aus dem Tagesgeld und sind kostenlos – außer

Das brachten 200 Euro im Pantoffel-Sparplan

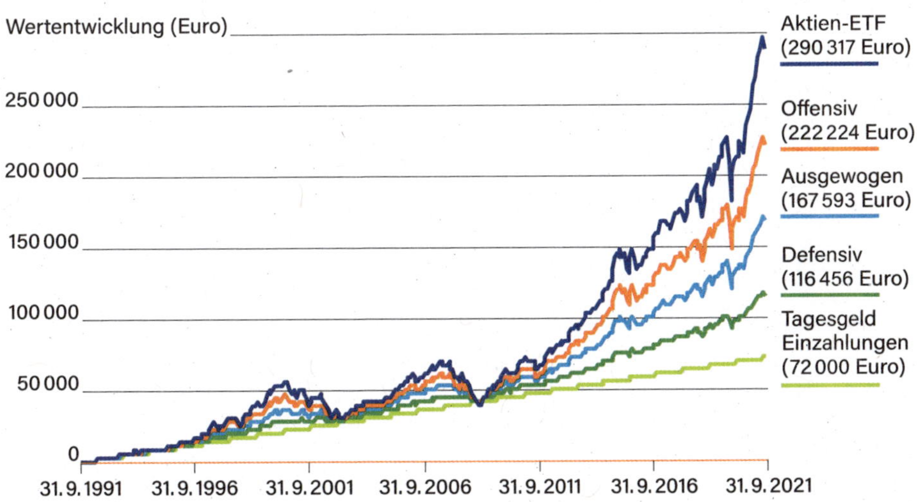

Der andere Blickwinkel

Nachhaltiges Investment & Renten-Sparen muss sich nicht widersprechen. Einige nachhaltige ETF eignen sich hier. Sie haben in unseren Tests etwas schlechter abgeschnitten als die teureren, konventionellen und aktiv gemanagten Aktienfonds Welt. Nachhaltige ETF schwächeln noch immer bei der nachvollziehbaren Bewertung von Nachhaltigkeitskriterien, viele können auch keinen Nachhaltigkeitsbeirat vorweisen. Die besten (Stand März 2022): Amundi MSCI World SRI (Isin: LU 186 113 438 2), BNP Easy MSCI SRI S-Series 5% Capped (LU 161 509 221 7), iShares MSCI World SRI (IE 00B YX2 JD6 9), Lyxor MSCI World ESG Leaders Extra (LU 179 211 777 9), UBS MSCI World Socially Responsible (LU 062 945 974 3) sowie UBS MSCI ACWI Socially Responsible (IE 00B DR5 547 1).

beim reinen Aktien-ETF-Depot, hier berücksichtigen wir Entnahmeplankosten in Höhe von 0,45 Prozent pro Entnahmebetrag. Wir prüfen dort monatlich, ob die Bausteine im Portfolio noch richtig gewichtet sind.

Einen Puffer kann man zusätzlich einbauen. Dann lassen sich Senkungen der privaten Auszahlungen bei schwankenden Kursen besser abfedern. Das zeigen Musterrechnungen:

Um eine individuelle monatliche Entnahme zu kalkulieren, müssten Sie zunächst die Laufzeit festlegen. Dabei sollten Sie sich fragen, ob die Zusatzrente wirklich für das gesamte erwartete Leben halten soll oder möglicherweise nur, bis andere Quellen zu sprudeln beginnen. Dies können Betriebsrenten oder gesetzliche Renten ab 65 oder 67 sein oder später auch Mieteinnahmen. Wer seinen Entnahmeplan erst mit dem 65. Geburtstag startet, dem empfehlen wir sicherheitshalber 30 Jahre Laufzeit. Gegen Ende des Entnahmeplans sollte das Restguthaben ins Tagesgeld umgeschichtet werden. Das lässt sich im Chart anhand der seitwärts verlaufenden Linien erkennen. Die Aktien-ETF werden dann verkauft. Gleich, ob Sie mit 20 oder 30 Jahren kalkulieren – die Laufzeit lässt sich später noch verlängern. Wir schlagen vor, dass Anleger fünf Jahre vor dem ursprünglich geplanten Ende anfangen, Jahr für Jahr mit fünf Jahren Restlaufzeit weiterzurechnen – so kann die Rente für das ganze Leben reichen. Allerdings sinkt die Rente dann.

So nutzen Sie Immobilien

Haus oder Wohnung verrenten: Dabei kann man in seiner Immobilie wohnen bleiben und kassiert dafür eine zusätzliche Rente.

Die Einmalanlage im Pantoffel-Portfolio

Die Tabelle zeigt die jährlichen Durchschnittsrenditen von Pantoffel-Portfolios mit Tagesgeld und verschieden großen Rendite-Bausteinen mit Welt-Aktien-ETFs der vergangenen 30 Jahre. Die Risiken lassen sich anhand der Spalte mit den schlechtesten Wertentwicklungen abschätzen.

Risikotyp / Geldanlage	Rendite in Prozent p. a. bei Laufzeit					Risiko	
	30 Jahre	20 Jahre	10 Jahre	5 Jahre	1 Jahre	Schlechteste Jahresrendite	Längste Verlustphase in Monaten
Nur Tagesgeld	0	0	0	0	0	0 %	keine
Defensiv (25 % Aktien-ETF / 75 % Tagesgeld / Festgeld)	2,8	2,3	3,5	3,4	1,3	–9,3 %	75
Ausgewogen (50 / 50 %)	5,1	4,6	6,6	6,3	2,7	–19,5 %	148
Offensiv (75 / 25 %)	7,1	6,4	9,7	9,4	4,0	–31,1 %	152
Nur Aktien-ETF	8,7	8	12,3	12	5,3	–39,4 %	161

Quelle: Refinitiv; test.de; Stand 31.7.2022

Im Kern funktionieren Verrentungen von Immobilien dann so: Ein Besitzer verkauft oder beleiht seine Immobilie zu einem meist unter dem Verkehrswert liegenden Preis an einen Investor oder an ein Finanzinstitut. Dafür erhält er ein lebenslanges Wohnrecht in seinem Haus und eine zusätzliche, monatliche Rente. Im Wesentlichen gibt es drei Varianten, die alle Vor- und Nachteile haben:

1. Die Umkehrhypothek (Reverse Mortgage). Sie ist letztlich ein Kreditvertrag, dem eine Immobilie als Sicherheit dient. Die Idee kommt aus den USA und findet immer mehr Anhänger in Europa. Die Hypothek kann man sich in einem einzelnen Betrag oder monatlich überweisen lassen. Das Verfahren wird daher oft „Immobilienrente“ genannt. Wichtig: Sie bleiben als Begünstigter der Hypothek jedoch der Eigentümer der Immobilie. Zinsen und Tilgung der verbrieften Grundschuld werden mit Eintragung ins Grundbuch gestundet. Den Namen Umkehrhypothek erhält dieses Verfahren, da sich im Gegensatz zu normalen Hauskrediten die Summe der Schulden über die Jahre hinweg aufbaut und eben nicht kleiner wird. Sollte der Begünstigte in eine Pflegeeinrichtung ziehen oder sterben, dann kann das Darlehen durch einen (Teil-)Verkauf des Hauses oder der Wohnung abgelöst werden. Die meist monatlichen Auszahlungen oder die Einmalzahlung aus dieser „Immobilienrente“ bleiben steuerfrei. Erben können das Darlehen ebenso zurückzahlen und die Immobilie dann selbst nutzen.

Beispielkalkulation Umkehrhypothek (in Euro)

Immobilienwert heute	400 000
Abschlag für Risiken: 25 %	
Beleihungswert	300 000
Alter heute: 65 Jahre	
Laufzeit: 30 Jahre	
Zinssatz: 5 Prozent	
Ergibt monatliche Rente	**360**

Wenn Banken oder Versicherung als Darlehensgeber für die Umkehrhypothek die Immobilie selbst verkaufen, erhalten die Erben einen möglichen Überschuss anteilig ausgezahlt. Die Immobilien-Rentner bleiben vor Räumung geschützt, solange ein Ehepartner lebt, sie den ersten Wohnsitz dort behalten und solange sie ihre Kosten wie Grundsteuern entrichten. Liegt das

Am Ende der Laufzeit des Pantoffel-Portfolios sollten Sie besser in Tagesgeld umschichten. Bei einem Entnahmeplan mit einer geringen Restlaufzeit häufen sich nämlich die nötigen Umschichtungen und Anpassungen. Das ist mit Kosten und Aufwand verbunden. Beides möchte man im fortgeschrittenen Alter eher vermeiden. Deshalb raten wir dazu, gegen Ende der Laufzeit das Restvermögen ins Tagesgeld umzuschichten – abzüglich des Teils, den man eventuell vererben möchte. Dieser kann zumindest teilweise in Aktien investiert bleiben. In den Musterberechnungen schichten wir jeweils fünf Jahre vor Ablauf alles ins Tagesgeld um.

Entnahmemodell mit und ohne Puffer

Die Tabelle zeigt die zur Verfügung stehenden monatlichen Renten über die letzten 30 Jahre, jeweils bei unterschiedlicher Risikoneigung und Aufteilung von Tagesgeld / Festgeld sowie Aktien-ETF.

Risikotyp / Geldanlage	Rendite in Prozent p. a.	Mögliche Entnahme pro Monat in Euro					Risiko
		Zu Beginn	Mindestens	Durchschnittlich	Höchstens	Am Ende	Stärkste Rentensenkung in Prozent
Bei Entnahme ohne Puffer							
Nur Tagesgeld	0	278	278	278	278	278	0
Defensiv (25 % Aktien-ETF / 75 % Tagesgeld / Festgeld)	2,4	279	270	400	497	497	–18,9
Ausgewogen (50/50 %)	4,7	280	262	578	859	858	–30,3
Offensiv (75/25 %)	6,6	281	254	775	1310	108	–46,5
Nur Aktien-ETF	8,1	281	45	978	1804	1804	–56,1
Bei Entnahme mit Puffer							
Nur Tagesgeld	0	278	278	278	278	278	0
Defensiv (25 % Aktien-ETF / 75 % Tagesgeld / Festgeld)	2,4	287	285	401	561	561	–7,4
Ausgewogen (50/50 %)	4,4	296	292	558	1005	1005	–15,5
Offensiv (75/25 %)	6,7	306	298	816	1859	1859	–21,0
Nur Aktien-ETF	7,9	314	303	1022	2695	2695	–29,1

Quelle: Refinitiv; test.de; Stand 31.3.2022

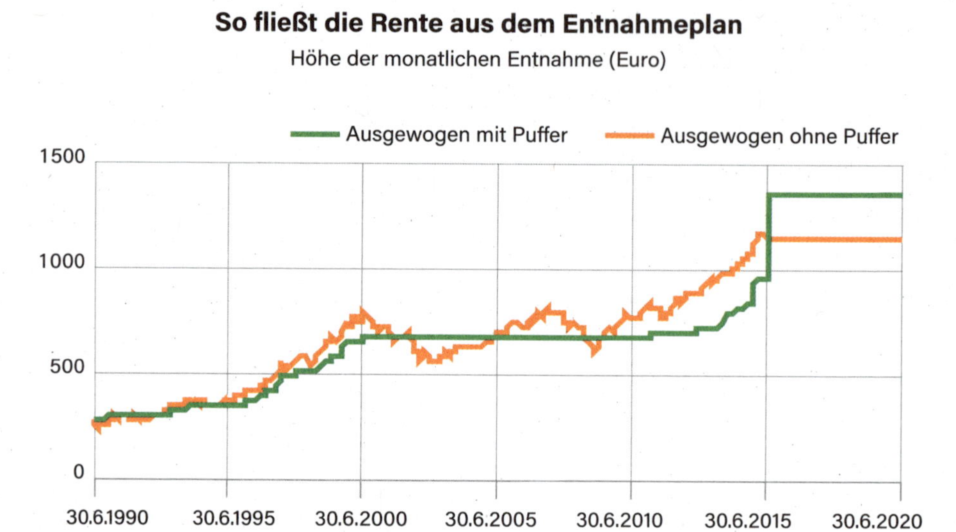

Haus oder die Wohnung in einer wenig nachgefragten Region, so berechnen Banken und Versicherungen oft hohe Abschläge für mögliche Wertverluste, was die ausgezahlte monatliche „Immobilienrente" stark schmälern kann.

2. Die Leibrente. Sie ist eine echte Zahlung, die allmonatlich wiederkehrt. Die Leibrente wird deshalb auch so gut wie nie in einer Summe en bloc ausbezahlt. Umkehrhypotheken erlauben dagegen die Varianten einer Einmalzahlung, eine zeitlich befristete Rente oder auch eine lebenslange Rentenzahlung. Tatsächlich kann sich in dem Vertrag zu einer Leibrente dennoch eine Einmalzahlung verstecken, weil zum Beispiel auf der Immobilie noch restliche Schulden lasten. Juristisch sind Umkehrhypothek und Leibrente jeweils anders zu bewerten: Die Umkehrhypothek wirkt wie ein Kreditvertrag, es bleibt beim alten Eigentümer. Dieser kommt dann auch weiterhin für Renovierungen und Reparaturen auf. Die Hypothek wird als Grundschuld im Grundbuch vermerkt. Sobald der Alt-Eigentümer stirbt, wird mit dem Verkauf der Immobilie die Hypothek abgelöst oder der Darlehensgeber übernimmt die Immobilie in seinen Besitz. Davon hebt sich die Leibrente klar ab: Hier wechselt schon bei Vertragsabschluss das Objekt zu einem neuen Eigentümer. Der Alt-Eigentümer lässt sich

Checkliste

In fünf Schritten zum Pantoffel-Auszahlplan

- ☐ **1. Schritt: Kassensturz.** Legen Sie die Summe fest, die Ihnen für den Auszahlplan zur Verfügung steht. Berücksichtigen Sie sowohl Geld, das Sie schon in einem Pantoffel-Depot liegen haben, als auch weiteres Vermögen, das Sie verrenten wollen.
- ☐ **2. Schritt: Passende Pantoffel aussuchen.** Überlegen Sie, mit welcher Variante des Pantoffel-Portfolios Sie die Auszahlphase gestalten wollen. Das ausgewogene 50–50-Portfolio ist meist eine gute Wahl.
- ☐ **3. Schritt: Laufzeit festlegen.** Machen Sie sich Gedanken, wie lange Ihr Auszahlplan laufen soll. Kalkulieren Sie nicht zu knapp, damit das Geld auch reicht, falls Sie steinalt werden. Gehen Sie über die statistische Lebenserwartung hinaus. Wir empfehlen, den Auszahlplan auf mindestens 30 Jahre anzulegen.
- ☐ **4. Schritt: Monatliche Auszahlung berechnen.** Legen Sie nun Ihre monatliche Auszahlung fest. Mit dem Entnahme-Rechner auf test.de können Sie Auszahlpläne für beliebige Restlaufzeiten kalkulieren lassen. Der Rechner wird regelmäßig mit der jeweiligen Börsenphase aktualisiert.
- ☐ **5. Schritt: Vom Tagesgeld aufs Girokonto.** Das Geld entnehmen Sie von Ihrem Tagesgeldkonto. Überweisungen vom Tagesgeld auf Ihr Girokonto sind kostenlos.

sein Wohnrecht ohne Miete bis zum Ableben ins Grundbuch eintragen. Kosten für neue Fenster oder Renovierungen hat dann der neue Eigentümer zu tragen.

3. Der Teilverkauf. Mit derlei Verträgen veräußert man seine Immobilie nur zum Teil (etwa eine Hälfte, ein Stockwerk, mehrere Zimmer) und bekommt den Kaufpreis für den verkauften Teil.

Die erlöste Summe darf man völlig frei verwenden, sei es für eine neue Heizung, altersgemäße Umbauten, eine große Reise oder zur Kapitalanlage, um sich daraus eine monatliche Rente zu bezahlen. Aber: Im

Nicht verwechseln! Umkehrhypothek und normales Darlehen unterscheiden sich stark: Beide Begriffe werden oft als „Immobilienrente" angepriesen, sie meinen jedoch etwas völlig anderes. Für eine Zusatzrente ist dieses normale Darlehen gar nicht zu gebrauchen.

Gegenzug ist eine Art Miete oder Nutzungsentgelt für den verkauften Immobilienteil zu entrichten. Dies kann das Modell für eine Zusatzrente unterm Strich dann völlig unattraktiv machen. Man bleibt indes Miteigentümer an Haus oder Wohnung, und im Unterschied zur Leibrente gibt man so die Verantwortung für sein Heim nicht aus der Hand und es könnte weiterhin zumindest zum Teil als Erbe zur Verfügung stehen. Die meisten Verträge sehen auch vor, dass die ehemaligen Besitzer oder die Erben den verkauften Teil wieder zurückkaufen können – bei Preissteigerungen allerdings mit Zuschlägen. Über ein eingeräumtes Nießbrauchrecht darf man die gesamte Immobilie nutzen, also auch den verkauften Teil. Zieht man in ein Pflegeheim um, so ist die Immobilie vermietbar. Nachteilig sind die Gebühren und Kosten des Teilverkaufs. Die Nutzungsgebühr für den verkauften Teil kann zwischen drei und fünf Prozent liegen und sie kann mit der allgemeinen Zinsentwicklung angepasst werden. Hinzu kommen Instandhaltung und Grundsteuer.

Beim Weiterverkauf berechnen viele Anbieter sogenannte Durchführungsentgelte bis sechs Prozent. Ärgerlich sind auch Wertsteigerungsklauseln, mit denen die Anbieter im Falle eines späteren Verkaufs mindestens den alten Kaufpreis plus Wertsteigerung erzielen möchten. Üblich sind hier mittlerweile 15 bis 20 Prozent. Diese muss man als Teilverkäufer im Zweifel selber tragen, falls der Markt diese Wertsteigerung nicht hergibt. Mit der folgenden Beispielrechnung kann man ermessen, wie wenig finanziellen Spielraum ein Teilverkauf insbesondere im Hinblick auf eine Zusatzrente bringt.

Beispielkalkulation zum Teilverkauf (in Euro)

Wert der Immobilie heute	400 000
Teilverkauf der Hälfte	200 000
Ergibt Kaufpreis	200 000
Laufzeit: 20 Jahre	
Nutzungsgebühr p. a.: 4 Prozent	
Nutzungsgebühr p. a.	8 000
Nutzungsgebühr gesamt	160 000
Geld zur freien Verfügung	**40 000**

Neue kapitalgedeckte Altersvorsorge

Die Bundesregierung ist entschlossen, eine neue kapitalgedeckte Altersvorsorge in Deutschland anzuschieben: die Aktienrente. Die ersten zehn Milliarden dafür wurden 2022 aus dem Bundeshaushalt bereit gestellt. Begründet wird diese Entscheidung damit, dass die gesetzliche Rente einen erheblichen Anteil am Bundeshaushalt verschlingt – 2021 ein Viertel oder mehr als 100 Milliarden Euro. Gleichzeitig möchte eine große Mehrheit im Parlament inklusive der Union nicht, dass die Beiträge zur gesetzlichen Rente über 20 Prozent steigen und parallel das Rentenniveau unter 48 Prozent sinkt. Die niedrigen Zinsen haben zusätzlich dazu geführt, dass die gesetzliche Rentenversicherung mit ihrer Beschränkung vor allem auf risikolose Staatsanleihen kaum mehr Erträge erwirtschaften kann. Das soll nun zu einem Teil über die Kapitalmärkte mit der Aktienrente bewerkstelligt werden. Erst später sollen zusätzlich Gelder der Versicherten direkt in den neuen Fonds fließen. Auf eine Rentenauszahlung aus den Kapitalanlagen werden die Versicherten aber noch ein paar Jahre warten müssen. Investiert wird nur in solche Aktienanlagen oder Fonds, die ethischen, sozialen und gesellschaftlich verantwortlichen Kriterien entsprechen. Vorbild ist das schwedische System. Es umfasst drei Säulen: die staatliche Grundrente, eine Betriebsrente und eine private Altersabsicherung. Die Schweden sind verpflichtet, 2,5 Prozent ihres Bruttoeinkommens in Vorsorgefonds zu investieren. Zur Wahl stehen der staatliche AP7-Fonds sowie andere Anbieter. Die Fonds investieren die Gelder schwerpunktmäßig in weltweite Aktienmärkte. Der AP7-Fonds verwaltet mehr als 80 Milliarden Euro. Die Fondsrating-Agentur Morningstar zählt ihn zu den besten Aktienfonds in Europa und er weist mit jährlichen Gebühren von 0,11 Prozent sehr niedrige Kosten auf. In den vergangenen zehn Jahren erzielte er mehr als 14 Prozent als durchschnittliche jährliche Rendite. Die Bundesbank soll den neuen Staatsfonds verwalten. Sie hat schon etwas Expertise, denn sie managt bereits zum Beispiel den Atomfonds sowie den Pflegevorsorgefonds. Der Beirat beim Bundesfinanzministerium spricht sich in einem Gutachten dafür aus, dass die Verwaltung des Anlagevermögens, dem schwedischen Vorbild folgend, sowohl von einem staatlichen Anbieter als auch von regulierten, privaten Anbietern durchgeführt werden sollte. Die neue Vorsorge könnte langfristig die Monatsrenten im Schnitt je nach Renditeerfolg zwischen 120 und 275 Euro aufbessern.

Rente ab 55: Mit Weitsicht zum Ziel

Von nun an wird es konkret: Weil das gesetzliche Ruhegeld erst in acht bis zwölf Jahren fließt, muss man die Überbrückungszeit verlässlich planen. Dazu stehen genau jetzt wichtige Entscheidungen an.

Zehn Jahre früher in Rente – das muss kein Wunschtraum bleiben, sondern lässt sich durchaus erreichen. Mitte 50 haben die meisten Ausstiegswilligen für sich schon längst einmal oder mehrmals Bilanz gezogen: Sie haben sich mit ihren späteren gesetzlichen oder betrieblichen Rentenansprüchen auseinandergesetzt, können ihr privates Vermögenswachstum abschätzen und behalten dazu ihre Wohnsituation inklusive eines möglichen Immobilienvermögens im Blick. So weit, so gut. Nun beginnt jedoch die Phase der Detailplanungen: Wann und wie wollen Sie dem Job-Leben Adieu sagen? Sind Sie bereit zu einem harten Schnitt von heute auf morgen oder bevorzugen Sie einen sanfteren Übergang in die neue, selbstbestimmte Lebensphase? Mit welchen Einschnitten könnten Sie in eine Rente mit 55 starten und auf welchen Lebensstandard möchten Sie sich dauerhaft einstellen? Und während Sie nun allmählich auf die Zielgerade in der gesetzlichen Rentenversicherung einschwenken, gibt es auch hier noch einige Hausaufgaben zu erledigen. Zum Beispiel die Frage der nachträglichen Einzahlungen: Auf welche Weise lassen sich damit Lücken in Ihrer Ruhestandsfinanzierung jetzt noch schließen und macht das für Sie überhaupt Sinn?

Alle diese Aspekte werden darüber mitentscheiden, ob Sie mit 55 bereits in Rente gehen können und wollen. Aber: Mit 55 erfordern auch ganz konkrete Stichtage im Bereich der Sozialversicherungen und im Arbeitsrecht sehr grundlegende Weichenstellungen, die Ihr weiteres Leben tiefgreifend umkrempeln und in neue Bahnen lenken können. Ein interessantes Versuchsfeld stellt etwa die Teilrente dar, bei der man seine Zeitanteile für den Job so weit reduziert, bis sich eine Art „Schnupper-Ruhestand" erreichen lässt.

Die Zeit bis zum Rentenstart selbst überbrücken

Um eine vorgezogene Rente mit 55 zu erreichen, bieten sich viele Optionen. Einige übersieht man schnell. Zu Unrecht.

Der Countdown bis zur gesetzlichen Rente läuft mit dem 55. Geburtstag schon: Acht Jahre sind es noch bis zur etwas vorgezogenen offiziellen Rente mit 63 und je nach Geburtsjahrgang zehn bis zwölf Jahre bis zur ersten regulären Auszahlung der erreichten Altersrente. Ruhestandsberater widmen diesem Lebensabschnitt besondere Aufmerksamkeit, da sich während dieser Zeit noch viel gestalten lässt.

Das sollten Sie im Blick behalten:

1. Achten Sie auf eine breite Streuung Ihres Vermögens und reduzieren Sie somit Anlagerisiken. Im Zweifel schichten Sie jetzt um und passen an (siehe Seite 58 ff.).
2. Bleiben Sie den gesteckten Zielen beim privaten Vermögensaufbau treu – vor allem bei ETF-Sparplänen. Sollten Sie das Geld dringend für die Lebenshaltung benötigen, können Sie jederzeit sehr flexibel aussteigen und später weiter sparen.
3. Erneuern und aktualisieren Sie Ihre Bedarfsplanung. Welche Einschnitte können Sie verkraften, welche Frugalismus-Lehren passen in Ihren Lebensentwurf (siehe Seite 22 ff. und 46 ff.)?
4. Inflation und Steuern mit einkalkulieren. Die Kaufkraft Ihrer Rente schmälert die oft nur schleichende Geldentwertung, die langfristige

Den Ruhestand sicher planen ab 55

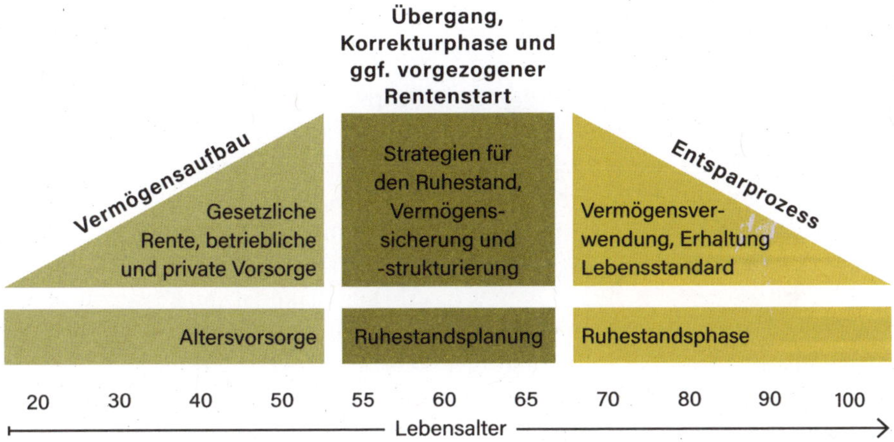

Wirkung der Inflation wird oftmals unterschätzt.

5 Die gesetzliche Rente ist gut, aber verlassen Sie sich nicht alleine auf den Staat. Die geburtenstarken Jahrgänge rücken bis 2035 massiv ins Rentenalter vor und die Zahl der Beitragszahler schrumpft. Das kann spürbare Auswirkungen auf künftige Rentenerhöhungen, steigende Pflege-/Gesundheitskosten und Immobilienpreise haben.

6 Denken Sie weiter. Viele Angebote und Berechnungen von Fachleuten und Finanzdienstleistern enden mit dem 67. Lebensjahr. Mit solchen Offerten und Tipps werden Sie künftig als attraktive Zielgruppe bombardiert. Der Blick bis 67 genügt aber nicht. Sämtliche Musterkalkulationen, die man Ihnen vorlegt, sollten mindestens bis zur statistischen durchschnittlichen Lebenserwartung reichen, also zirka bis Alter 80 oder bis zur Ihrer selbst kalkulierten Lebenserwartung – unter Berücksichtigung von Inflation und Steuern, berechnet nach heutigem Stand.

Zur Auswahl stehen nun eine ganze Reihe von Modellen für eine vorgezogene Rente (Details siehe auch Seite 84ff,):

Vom Vorruhestand können Arbeitnehmer profitieren, deren Arbeitgeber den Arbeitsvertrag auflösen wollen oder krisenbedingt auflösen müssen. Dieser Vorruhestand kann je nach dem gewählten Modell ab 55 beginnen oder ab 59 Jahren.

Bei Altersteilzeit handelt es sich um eine Teilzeitbeschäftigung, die durch das Altersteilzeitgesetz (AltTZG) geregelt ist. Sie erhalten mehr Freizeit und arbeiten dafür deutlich weniger. Entweder man reduziert seine wöchentliche Arbeitszeit dauerhaft oder man spart sich einen früheren kompletten Renteneintritt durch eine vorherige längere Vollzeit-Arbeit an.

Das Arbeitslosengeld 1 taugt nur sehr bedingt zur Überbrückung der Zeit bis zur regulären Rente: Es wird für Arbeitnehmer bis zum Alter von 58 nur 18 Monate lang gezahlt und ab 58 dann für maximal 24 Monate.

Lücken beim Ruhestandsgeld mit eigenen Zahlungen in die gesetzliche Rentenversicherung auszugleichen, kann sich sehr wohl rentieren. Das gilt vor allem für den Ausgleich von Abschlägen für die vorgezogene Rente mit 63 (siehe Seite 94).

Bausteine für die private Vorsorge wie Riester- oder Rürup-Renten lassen sich in einigen Fällen ebenso für einen vorgezogenen Ruhestand ab 55 oder sogar früher nutzen (siehe Seite 102).

Ausgaben für die in Deutschland verpflichtende Kranken-/Pflegeversicherung gehören spätestens bis 55 auch auf den Prüfstand. Die jährlichen Höchstbeiträge für Besserverdiener haben auch bei AOK, Barmer & Co. die Marke von 10 000 Euro überschritten. Sie stellen für Job-Aussteiger einen großen Kostenblock dar. Früher-Rentner sollten bedenken, dass sie während der Überbrückungszeit bis zum Start des gesetzlichen Ruhegeldes für diese soziale Absicherung alleine aufkommen müssen, weil die Beteiligung des Arbeitgebers (knapp 50 Prozent) entfällt. Erst wenn die gesetzliche Rente zu fließen beginnt, beteiligt sich die Deutsche Rentenversicherung hälftig an den Kranken-/Pflegeversicherungskosten der gesetzlichen Kassen. Privatversicherte erhalten maximal den Kassen-Zuschuss.

Eine Rückkehr in die gesetzliche Kranken-/Pflegeversicherung steht Privatversicherten regelmäßig nur bis zum 55. Lebensjahr offen. Die Wechseloption ist dann endgültig und hat entscheidende Auswirkungen für den Rest des Lebens und die weitere Finanzplanung. Viele Privatversicherte beklagen seit Jahren zwar stark steigende Beiträge und fürchten, ihre Krankenversicherung im fortgeschrittenen Alter gar nicht mehr bezahlen zu können. Die Beiträge der Privaten richten sich auch nach dem individuellen Risiko des Versicherten sowie nach der Ausgabenentwicklung in ihrer Versichertengemeinschaft. Die Beiträge der gesetzlichen Kassen richten sich im Wesentlichen nach der persönlichen Einkommenshöhe. Und Familienangehörige oder Ehepartner mit sehr wenig oder gar keinem Einkommen können sich kostenfrei mitversichern. Dies kann für Früher-Rentner interessant sein, die keine oder geringe Einkünfte erzielen. Da viele von ihnen jedoch auf

Info

Private Krankenversicherung und Rente

Privat Krankenversicherte haben außer einem Wechsel zurück in die gesetzlichen Kassen bis zum 55. Lebensjahr noch mehr Möglichkeiten, um ihre monatlichen Belastungen zu senken:

Alle Privaten Krankenversicherungen (PKV) müssen einen Basistarif anbieten, der in etwa Leistungen auf Kassenniveau bietet. Er darf auch nicht teurer sein als der jeweilige aktuelle maximale Kassenbeitrag. Für Privatversicherte, die vor 2009 in die PKV eingetreten sind und mindestens zehn Jahre Vorversicherungszeit mitbringen, gibt es zusätzlich den Standardtarif als Alternative, der sich leistungsmäßig ebenfalls in etwa an den gesetzlichen Kassen orientiert. Dieser Tarif ist auch ab 55 wählbar (sonst ab 65), falls man mit seinem Einkommen unter der Versicherungspflichtgrenze bleibt (2022: 64 350 Euro). In einem Mustervergleich betrug der normale Monatsbeitrag in einem leistungsstarken PKV-Tarif mit 360 Euro Selbstbehalt p. a. für einen 55-Jährigen 730 Euro, der Basistarif lag bei 600 Euro, der Standardtarif bei 280 Euro. Ein sehr eingeschränkter Notlagentarif für rund 100 Euro im Monat steht für alle offen, die vorübergehend ihre höheren PKV-Beiträge nicht aufbringen können.

Um generell Beitragssteigerungen im Alter abzufedern, zahlen Privatversicherte bis zum 60. Lebensjahr einen zehnprozentigen Zuschlag. Er wird ab 65 dann mit den sonstigen angesparten Alterungsrückstellungen zur Beitragssenkung eingesetzt. Diese können für langjährig Versicherte mehrere zehntausend Euro betragen. Wer in die gesetzlichen Kassen wechselt, verschenkt diese Summe an das PKV-Unternehmen.
Vor einem Wechsel zurück zu AOK, Barmer & Co. sollte auch die doppelte Beitragszahlung auf private Ruhegelder für Kassenkunden bedacht werden: Die Sozialbeiträge werden auf Direktversicherungen sowie Versorgungsbezüge (etwa Betriebsrenten, Versorgungswerke) noch einmal fällig und können das Alterseinkommen erheblich schmälern. Privatversicherte müssen diese doppelten Sozialbeiträge nicht entrichten.

private Kapitaleinkünfte zur Bestreitung des Lebensunterhalts angewiesen sein werden, dürfte die Kostenlos-Variante bei den gesetzlichen Kassen eher wegfallen. Ist ein solcher Wechsel von den Privaten zu AOK, Barmer & Co. in fortgeschrittenem Alter überhaupt sinnvoll? Einerseits erreichte der durchschnittliche Höchstbeitrag bei den gesetzlichen Kassen für 2022 auch schon 917 beziehungsweise 934 Euro im Monat (inklusive Arbeitgeberanteil für Versicherte mit beziehungsweise ohne Kinder). Andererseits können Privatversicherte ihre Beiträge senken, indem sie zum Beispiel einzelne Bausteine wie den Zahntarif abwählen oder bei Klinikaufenthalten von Einzel- auf Mehrbettzimmer umsteigen (siehe Seite 83).

Wie profitiere ich von den Regelungen zum Vorruhestand?

Der „klassische Vorruhestand" ist eine freiwillige Vereinbarung zwischen Arbeitgeber und Mitarbeiter, um eher aus dem Job auszusteigen und die Zeit bis zum Rentenstart gut abzufedern.

Den ursprünglichen Übergang in den Vorruhestand mit vielen Förderungen vom Staat gibt es so heute nicht mehr, aber die Grundregeln werden noch immer jedes Jahr zigtausendfach zwischen Arbeitgebern und Mitarbeitern vereinbart, um früher aus dem Job auszusteigen. Weit verbreitete (Alters-)Optionen sind der

- **Vorruhestand ab 55** mit den Regelungen zur Altersteilzeit (siehe S. 86) oder
- **Vorruhestand ab 59,** indem man eine Abfindung mitnimmt und danach Leistungen aus der Arbeitslosenversicherung nutzt. Daran schließt sich dann die vorgezogene gesetzliche Rente mit 63 an (siehe Seite 113).

Eine Chance auf eine gute Regelung zum Vorruhestand haben Sie, wenn Ihr Unternehmen nach einem Neuanfang oder Einsparungen sucht, zum Beispiel

- eine bevorstehende Kündigungswelle,
- Verlagerung des Firmensitzes,
- Umstrukturierungen,
- Aufbau neuer Geschäftsfelder,
- Firmenübernahmen,
- neue Unternehmensführung.

Kern der Austrittsverhandlungen mit dem Arbeitgeber ist dann die Abfindung. Und bei Altersteilzeitmodellen sind es die freiwilligen Aufstockungsbeträge, mit denen der schrittweise Abgang des Mitarbeiters versüßt wird. Dringen Sie auf einen möglichst hohen Aufstockungsbetrag des Arbeitgebers, denn dieser ist steuer- und sozialabgabenfrei. Wenn Sie sich auf 50 Prozent Altersteilzeit einlassen, dann erhalten Sie mehr als 50 Prozent des Gehalts. Freiwillige Gehaltsaufstockungen auf 70 bis 85 Prozent durch die Arbeitgeber sind üblich.

Im Bereich der Abfindung sollten Sie grundsätzlich hoch pokern. Das Unternehmen möchte Sie offensichtlich loswerden und solange Sie keine goldenen Löffel gestohlen oder Spesenabrechnungen manipuliert haben, können Sie die allgegenwärtige Faustformel von einem halben Monatsgehalt pro Beschäftigungsjahr als lächerlich gering ignorieren.

Bestehen Sie dann auf einer begünstigten Steuerregelung bei Abfindungen: Die Summe würde im Auszahlungsjahr zu einer erheblichen Steigerung des Einkommens und der Steuerlast führen. Nutzen Sie die sogenannte Fünftelregelung. Dabei wird die Steuer für die Abfindungssumme nur zu einem Fünftel kalkuliert, das spart Geld.

Eine Zweiteilung der Abfindung auf das Jahr der Beendigung des Jobs und das Folgejahr mit dann wahrscheinlich wesentlich geringeren Einkünften ist zudem sinnvoll. Und schließlich könnten Sie Ihren Abgang verbinden mit dem Aufstocken Ihrer privaten Rente durch Sonderausgaben für Ihre private Altersvorsorge: Sie investieren einen Teil in eine Rürup-Rente oder in eine Direktversicherung aus einem Altvertrag (siehe Seite 102 ff.).

Ein weiteres, in der Praxis häufig angewendetes Modell sieht den verzögerten Übertritt in den Vorruhestand ab Alter 59 vor. Das Unternehmen gewährt dabei seinem austretenden Mitarbeiter ein Nettogehalt von 95 Prozent seines aktuellen Nettogehalts bis zum frühestmöglichen Rentenstart mit 63. Diese 95 Prozent bestehen aus der ausgehandelten Abfindungssumme sowie dem Arbeitslosengeld 1, das der Mitarbeiter bis zu zwei Jahre lang beziehen könnte. Er bleibt dazu krankenversichert.

Weil viele Mitarbeiter mit der Wahl des Vorruhestandes Abschläge bei der gesetzlichen Rente befürchten, etablierte sich auch hierfür in der betrieblichen Praxis ein gängiger Ausgleich: Arbeitnehmer lassen sich von der Deutschen Rentenversicherung ihre individuellen Abschläge für eine vorgezogene Rente im Vergleich zu einer regulären Rente mit 65 bis 67 ausrechnen (siehe Seite 113 ff.). Sie verhandeln hierfür mit dem Arbeitgeber über einen Ausgleich, zum Beispiel über entsprechende Einzahlungen in eine Rürup-Rente. Diesen Ausgleich sollten Sie unbedingt fordern – gegebenenfalls mithilfe des Betriebsrates oder Fachanwalts.

Früher Abgang, weniger arbeiten: Vorteile der Altersteilzeit

Arbeitnehmer können die Altersteilzeit in zwei interessanten Varianten für einen früheren Jobausstieg nutzen. Gehalt und Rente sind höher als bei einer normal vereinbarten Teilzeit.

→ **Eine Art „Schnupper-Rente"** bietet die Altersteilzeit. Denn dabei lässt sich die freie verfügbare Zeit neben dem Beruf je nach Wunsch auf die Hälfte reduzieren oder zu einem Zeitguthaben zusammenfassen. Man finanziert sich damit seinen früheren Ausstieg quasi selbst und nutzt einige Vorteile bei Sozialversicherungen und Steuern. Ein rechtlicher Anspruch für alle auf Altersteilzeit existiert in Deutschland jedoch nicht.

Altersteilzeit bedeutet, dass die Arbeitszeit auf 50 Prozent sinkt. Die versicherungspflichtige Beschäftigung im Sinne des Sozialrechts wird damit fortgesetzt. Der Arbeitgeber ist rechtlich gemäß Altersteilzeitgesetz (AltTZG) verpflichtet, das Gehalt der Mitarbeiter aufzustocken und Extra-Beiträge zur Rentenversicherung zu leisten.

Frühestens mit 63 Jahren können die meisten Versicherten von der gesetzlichen Rentenversicherung eine Altersrente erhalten. Wenige Ausnahmen hiervon gibt es beispielsweise bei Menschen mit Schwerbehinderung (siehe Seite 138 ff.). Mit Altersteilzeit über den Betrieb ist aber auch heute noch ein Ausstieg aus dem Job deutlich vor 63 möglich – über das sogenannte Blockmodell. Beschäftigte reduzieren beispielsweise für vier Jahre ihre Arbeitszeit, arbeiten in den ersten zwei Jahren voll und in den folgenden zwei Jahren gar nicht mehr. Ihr Teilzeitgehalt wird ihnen aber in beiden Blöcken gleich hoch ausgezahlt.

In der zweiten Variante der Altersteilzeit, dem Gleichverteilungsmodell, ist die Arbeitszeit konstant über den vereinbarten Zeitraum aufgeteilt (siehe Abbildung S. 88). Um eine solche Altersteilzeit in Anspruch nehmen zu können, müssen die Beschäftigten einige Voraussetzungen erfüllen:

- Sie müssen mindestens 55 Jahre alt sein.
- Ihre Altersteilzeit muss so lange dauern, bis sie eine gesetzliche Rente beantragen können.
- Sie müssen innerhalb der letzten fünf Jahre vor Beginn der Altersteilzeit mindestens 1080 Kalendertage (also drei Jahre) sozialversicherungspflichtig beschäftigt gewesen sein. Dazu zählen allerdings auch Zeiten, in denen man

Wie viel in Altersteilzeit übrig bleibt

Mit diesen vier Musterfällen lässt sich abschätzen, was als Nettogehalt in der Altersteilzeit mit nur noch 50 Prozent Arbeitsleistung überwiesen wird.

Kriterien	Fall 1: 3 000 Euro brutto	Fall 2: 3 000 Euro brutto	Fall 3: 4 000 Euro brutto	Fall 4: 5 000 Euro brutto
Bruttogehalt in Altersteilzeit (50 %)	1 500 Euro	1 500 Euro	2 000 Euro	2 500 Euro
Steuerklasse	1	4	3	3
Kinder	Keine	2	1	Keine
Wohnort Bundesland	Bayern	Sachsen	Bremen	Saarland
Krankenversicherung	Gesetzliche Kasse, 1,3 % Zusatzbeitrag	Gesetzliche Kasse, 1,3 % Zusatzbeitrag	Gesetzliche Kasse, 1,3 % Zusatzbeitrag	Privat mit Arbeitgeberzuschuss
Aufstockungsbetrag des Arbeitgebers	20 %	25 %	20 %	30 %
Nettogehalt	1 142 Euro	1 140 Euro	1 600 Euro	2 191 Euro
Aufstockungsbetrag	300 Euro	375 Euro	400 Euro	750 Euro
Nettogehalt Altersteilzeit	1 442 Euro	1 515 Euro	2 001 Euro	2 941 Euro
Nettogehalt vor Altersteilzeit	2 005 Euro	2 004 Euro	2 863 Euro	3 857 Euro

Quelle: test.de; Stand 2022

Krankengeld bezogen hat oder arbeitslos war.

Der große Vorteil der Altersteilzeit gegenüber der „normalen“ Teilzeitarbeit: 50 Prozent weniger Arbeit heißt hier nicht 50 Prozent weniger Gehalt, sondern deutlich mehr. Beschäftigte erhalten einen Aufstockungsbetrag von mindestens 20 Prozent – egal ob die Person das Blockmodell gewählt hat oder ihre Arbeitszeit im Gleichverteilungsmodell durchgehend auf 50 Prozent reduziert. Manche Tarifverträge oder der öffentlichen Dienst sind großzügiger und stocken bis zu 80 Prozent oder mehr auf.

Steuern und Sozialabgaben müssen auf das Teilzeiteinkommen gezahlt werden. Nur der Aufstockungsbetrag ist steuer- und sozialabgabenfrei. Ganz raus ist das Finanzamt aber auch hier nicht. Der Aufstockungsbetrag an sich bleibt zwar steuerfrei, unterliegt aber dem „Progressionsvorbehalt“, das heißt, er erhöht den Steuersatz für das Einkommen, das Angestellte versteuern müssen.

Durch die „Schnupper-Rente“ könnten Sie auch in eine andere Steuerklasse rutschen und so günstigstenfalls mehr netto ausgezahlt bekommen. Ihr Arbeitgeber muss dem aber zustimmen, denn er hätte demnach höhere Aufstockungsbeträge zu leisten.

Sobald Sie Altersteilzeit in Anspruch nehmen, vermindert sich aufgrund der niedrigeren Rentenbeiträge mit hoher Wahrscheinlichkeit auch Ihr Anspruch auf die gesetzliche Rente. Im folgenden Musterfall ist der Renten-Einschnitt jedoch verkraftbar.

Beispiel: Sabine Meier verdiente etwas über dem Durchschnitt und konnte 2021 mit 63 Jahren in Rente gehen. Angenommen, sie hätte die drei Jahre vor dem Renteneintritt in Altersteilzeit gearbeitet und würde dann eine Rente für langjährig Versicherte beantragen, so erhielte sie damals eine monatliche Bruttorente von 1660 Euro. Zum Vergleich: Hätte sie keine Altersteilzeit gewählt und weiter voll gearbeitet, hätte es stattdessen 1677 Euro Rente gegeben.

Varianten der Altersteilzeit

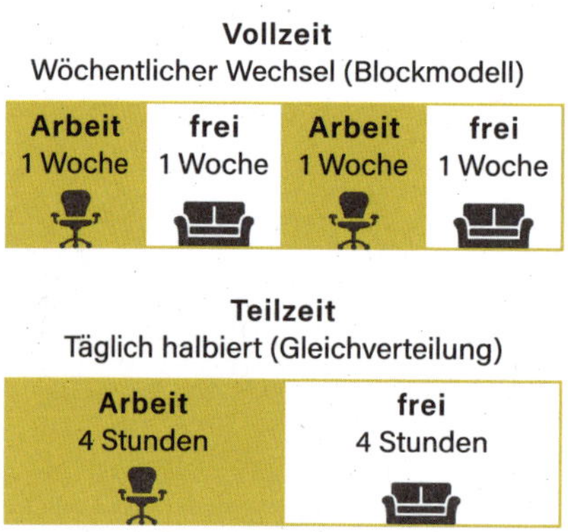

So funktioniert das Blockmodell

Am Stück aussteigen: Das Blockmodell setzt sich aus zwei Zeitabschnitten zusammen:

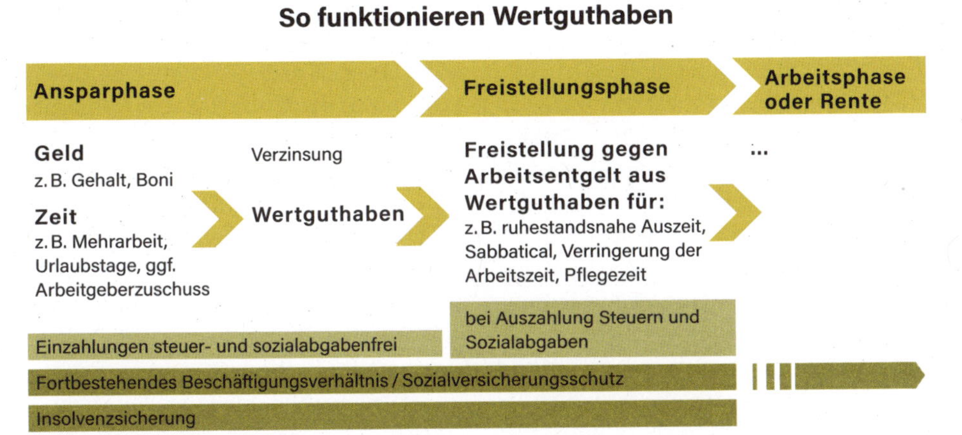

Im ersten Abschnitt, also der Arbeitsphase, arbeitet man wie gewohnt in Vollzeit, aber bei reduziertem Gehalt. Im zweiten Abschnitt (Freistellung) braucht man nicht weiter zu arbeiten und bezieht sein Gehalt. Der Zeitraum für die Ansparphase beträgt maximal drei Jahre und im Anschluss ebenso drei Jahre für die Freistellung. An diesen Zeitraum muss sich dann die frühestmögliche Rente anschließen, also meist die Rente mit 63. Auch unter Firmen ist die Regelung durchaus beliebt, da sie den Arbeitsplatz des Frührentners schon im Zeitabschnitt der Freistellung wieder neu besetzen können.

Welche Arbeitszeit zugrunde liegt, ist bei der Berechnung sowohl für die Reduktion als auch für den Aufstockungsbetrag entscheidend. Es zählt die Wochenarbeitszeit vor Start der Teilzeit, wie sie in den letzten 24 Monaten gegolten hat. Überstunden kommen hinzu. Man bezieht die Hälfte des Gehalts, der Rest wird als Wertguthaben angespart. Firmen führen diese Wertguthaben als Geldkonten oder Zeitkonten, die sie dann zur Auszahlung an den Mitarbeiter im Zeitabschnitt der Freistellung nutzen. Der Arbeitgeber kann seine Mitarbeiter freiwillig an einer möglichen Rendite aus der Kapitalanlage dieses Wertguthabens beteiligen, muss das aber nicht tun.

Wertguthaben im Blockmodell sind geschützt. Die Unternehmen müssen laut AltTZG dafür eine spezielle Insolvenzsicherung abschließen.

So funktioniert das Gleichverteilungsmodell

Den sanften Abschied in die Rente bietet das Gleichverteilungsmodell. Man arbeitet nur noch halb so viel wie bisher – und zwar für den gesamten vereinbarten Zeitabschnitt. Andere Prozentsätze der Aufteilung (zum Beispiel 25 Prozent arbeiten und 75 Prozent Freizeit) sind nicht zulässig.

Allerdings kann man auch im Gleichverteilungsmodell kreativ seine eigene Zeiteinteilung umsetzen und beispielsweise zwischen vollen Arbeitstagen und Frei-Tagen abwechseln. Halbtagsarbeit ist folglich in diesem Modell nicht zwingend. Wesentliche Bedingung bleibt, dass sich die Lebensarbeitszeit halbiert.

Unternehmen und Mitarbeiter verhandeln gemeinsam über den reduzierten Arbeitseinsatz. Damit kann das Unternehmen von der Vermittlung des Know-hows profitieren, da der ausscheidende Mitarbeiter ja zumindest eine Zeit lang für seine Nachfolger ansprechbar bleibt. Der Mitarbeiter steigt somit sanft aus, es kommt nicht zum „Renten-Schock". Die gesamte Arbeitszeit, die man dann zur Rente noch hätte, halbieren die Angestellten und verteilen sie nach Absprache mit dem Unternehmen gleichmäßig auf die restlichen Tage.

Der Vertrag über die Altersteilzeit läuft mit der vereinbarten Frist aus. Ordentliche Kündigungen während der Altersteilzeit sind möglich, falls dies im persönlichen Vertrag oder laut Tarifvertrag geregelt ist. Beim Gleichverteilungsmodell umfasst diese Möglichkeit den gesamten Zeitabschnitt. Beim Blockmodell ist eine betriebsbedingte Kündigung lediglich im Zeitabschnitt der Arbeit und nicht während der Freistellung statthaft. Die Firma darf jedoch weiterhin außerordentlich und aus wichtigem Grund kündigen.

Wertguthaben verfallen seit 2009 bei einem Jobwechsel nicht mehr. Sie lassen sich auf einen neuen Arbeitgeber übertragen und weiter besparen. Klappt das nicht oder widerspricht der neue Chef der Mitnahme, darf man das Guthaben auf die Deutsche Rentenversicherung (DRV) übertragen. Darüber hinaus gibt es für die Übertragung zur DRV eine Mindesthöhe: für 2022, einschließlich Arbeitgeberanteil, in den alten Bundesländern 19740 Euro, 18000 Euro in den neuen. Fachleute beraten dazu: DRV, Bereich Wertguthaben, Referat 3080, 10704 Berlin, Tel. 030 8 65/3 13 67.

Vorsicht beim Arbeitslosengeld als „Renten-Joker"

Arbeitnehmer können ihre Ansprüche aus der Sozialversicherung auch nutzen, um früher aus dem Job auszuscheiden. Aber davor sind einige Hürden zu nehmen.

Eine „Rente" von der Arbeitsagentur wird häufig von Anwälten und Personalabteilungen ins Spiel gebracht im Zusammenhang mit Vorruhestandsregelungen, Kündigung und Jobabbau. Und es klingt durchaus verlockend, wenn man ohnehin aufhören möchte, sich für die letzten Jahre einfach arbeitslos zu melden. Die Zahlungen laufen bis zu 18 Monate bis Alter 58 und ab 58 für maximal 24 Monate. Darauf besitzt man sogar Ansprüche, denn die Arbeitslosenversicherung ist kein Almosen, sondern eine staatlich organisierte Versicherungsleistung, das Arbeitslosengeld 1 (ALG 1).

Dieser Zeitraum lässt sich auch noch ausdehnen, falls man am Ende der 18 oder 24 Monate erkrankt. Dann leistet zunächst die Arbeitsagentur für sechs Wochen Ersatz-Lohnfortzahlung, ähnlich wie in einer Anstellung. Ist die Gesundheit länger beeinträchtigt, erhält man ein Krankengeld von der Krankenkasse in Höhe des Arbeitslosengeldes – und zwar maximal 78 Wochen. Es ergäbe sich also eine Zeitspanne von bis zu drei Jahren und sieben Monaten, die solche Zahlungen aus Sozialtöpfen überbrücken könnten.

Um ALG 1 überhaupt zu erhalten, müssen folgende Voraussetzungen erfüllt sein:

- Sie waren in den letzten fünf Jahren vor der Arbeitslosmeldung mindestens zwölf Monate sozialversicherungspflichtig beschäftigt. Dabei können mehrere Jobs zusammengerechnet werden (als Anwartschaftszeit).
- Sie haben sich bei Ihrer Agentur für Arbeit arbeitslos gemeldet.
- Sie sind ohne Anstellung, können aber eine versicherungspflichtige Beschäftigung ausüben (mindestens 15 Stunden pro Woche).
- Sie suchen eine neue versicherungspflichtige Beschäftigung und kooperieren mit der Arbeitsagentur: Es kann dann zum Beispiel die Vorlage von Bewerbungsversuchen oder von unterschriebenen Bescheinigungen aus Vorstellungsgesprächen verlangt werden.
- Neben der versicherungspflichtigen Beschäftigung können weitere Zeiten

für den Anspruch auf Arbeitslosengeld einberechnet werden, zum Beispiel:

- → Berechtigte waren freiwillig in der Arbeitslosenversicherung, zum Beispiel während einer Selbstständigkeit.
- → Sie haben ein Kind erzogen (bis zum dritten Lebensjahr).
- → Sie haben Krankengeld erhalten.

Aber auch in diesen Fällen müssen Anspruchsberechtigte innerhalb der letzten 30 Monate vor der Arbeitslosmeldung auf eine Dauer von mindestens zwölf Monaten Versicherungszeit kommen. Wer häufig befristet beschäftigt war, für den gilt unter bestimmten Voraussetzungen eine kürzere Anwartschaftszeit: In diesem Fall genügen mindestens sechs Monate versicherungspflichtiger Beschäftigung innerhalb der fünf Jahre vor der Arbeitslosmeldung. Zu den Voraussetzungen zählt zum Beispiel, dass die meisten Beschäftigungen auf bis zu 14 Wochen befristet waren.

Steuern besser optimieren. Da sich das Arbeitslosengeld auch am Nettoeinkommen orientiert, hat Ihre Steuerklasse Einfluss auf die Höhe des Betrags, der an Sie ausgezahlt wird. Am höchsten ist das Nettoentgelt bei Verheirateten, wenn sie die Steuerklasse 3 wählen, am niedrigsten in der Steuerklasse 5. Wechseln Sie deshalb rechtzeitig in eine günstigere Steuerklasse, sofern Sie frühzeitig von einer anstehenden Arbeitslosigkeit erfahren. Die bessere Steuerklasse 3 oder auch 4 sollte bereits im Januar des Kalenderjahres gelten, in dem die Arbeitslosigkeit beginnt. Einen späteren Wechsel akzeptiert die Arbeitsagentur nur, wenn die neuen Steuerklassen für ein Paar sinnvoll sind.

Wie lange das Geld fließt, hängt davon ab, wie alt Sie sind und wie lange Sie vor der Arbeitslosigkeit versicherungspflichtig beschäftigt waren. Haben Sie innerhalb der letzten zwei Jahre zwölf Monate versicherungspflichtig gearbeitet, bekommen Sie sechs Monate Arbeitslosengeld ab dem Tag der persönlichen Meldung der Arbeitslosigkeit. Haben Sie in den letzten fünf Jahren 24 Monate versicherungspflichtig gearbeitet, bekommen Sie zwölf Monate Arbeitslosengeld. Für über 50-Jährige gelten bis zum Alter von 58 dann bis zu 18 Monate ALG 1-Bezug. Ab 58 sind es maximal 24 Monate.

So sind Sie sozialversichert. Während des Bezugs von Arbeitslosengeld sind Sie kranken-, pflege-, renten- und unfallversichert. Werden Sie krank, müssen Sie das Ihrer Agentur umgehend melden und am besten schnellstens ein ärztliches Attest vorlegen.

Zahlung bis zur Rente. Das Arbeitslosengeld 1 ist eine Versicherungsleistung und diese fließt längstens bis zum Ende desjenigen Monats, in dem man das reguläre Rentenalter erreicht. Das bleibt auch für den Fall so, wenn man vorher Anspruch auf ein früheres Ruhegeld wie die Rente mit 63 hat. Eine automatische Pflicht zur Aussteuerung in die Frührente gibt es beim ALG 1

So viel Arbeitslosengeld gibt es

Die Höhe der Beträge von ALG 1 hängen stark von der Steuerklasse sowie von zu versorgenden Kindern im Haushalt ab.

	Fall 1	Fall 2	Fall 3	Fall 4	Fall 5	Fall 6
Bruttomonatseinkommen	2 000 Euro	3 000 Euro	4 000 Euro	5 000 Euro	6 000 Euro	7 000 Euro
Anspruch auf Kindergeld?	Nein	Nein	Ja	Nein	Ja	Nein
Steuerklasse	5	1	3	3	3	1
Auszahlung ALG 1 pro Monat	719 Euro	1 195 Euro	1 502 Euro	1 698 Euro	1 896 Euro	2 296 Euro

Quelle: test.de; Stand 2022, Wohnort Schleswig-Holstein

nicht. Auf solche Vorschläge sollten Sie sich nicht einlassen. Das Arbeitslosengeld liegt oftmals über dem Betrag der erreichten gesetzlichen Rente. Besonders für Frauen ist die Zahlung von ALG 1 dann mehr wert als die einer Früh-Rente.

ALG 1 erhöht die Rente. Für zwei Jahre ALG 1 kann ein Arbeitsloser mit zuvor durchschnittlichem Verdienst immerhin eine Rentenerhöhung um rund 50 Euro pro Monat erwarten. Besserverdiener kommen dank ALG 1 auf ein Renten-Plus von bis zu 100 Euro monatlich.

Vorsicht, Sperrzeiten drohen! Hat die Agentur für Arbeit eine Sperrzeit verhängt, erhält der arbeitslose Arbeitnehmer in diesem Zeitraum kein Arbeitslosengeld. Dieses wird dann auch nicht nachträglich ausgezahlt. Der bekannteste Grund ist die Kündigung durch den Arbeitnehmer. Wer sein Arbeitsverhältnis selbst aufgibt, obwohl sie oder er noch keine neue Arbeitsstelle gefunden hat, muss mit einer Sperrzeit von zwölf Wochen rechnen. Dazu kann die gesamte Bezugszeit um ein Viertel gestrichen werden.

Nennt der Arbeitnehmer einen wichtigen Grund für seine Arbeitsaufgabe, zum Beispiel weil sein oder ihr Arbeitgeber den Lohn nicht zahlt oder ein Angehöriger gepflegt werden muss, so kann die Sperrzeit entfallen. Dies ist ebenso der Fall, wenn eine

Weiterbeschäftigung aus medizinischen Gründen nicht möglich ist. Dies muss jedoch von ärztlicher Seite detailliert begründet werden.

Arbeitslosengeld und Rente. Arbeitslosigkeit mindert den gesetzlichen Rentenanspruch. Während des Bezugs von Arbeitslosengeld 1 ist die Einbuße jedoch vergleichsweise gering. Die Arbeitsagentur überweist für den Arbeitslosen Rentenbeiträge in Höhe von 80 Prozent des Bruttoeinkommens, aus dem sich sein Arbeitslosengeld 1 berechnet.

Die Frage der Zumutbarkeit müssen sich auch Ältere von der Arbeitsagentur gefallen lassen. Für Arbeitslose selbst über 60 gelten bei der Vermittlung in einen Job nun dieselben Hürden wie für Jüngere. Insbesondere müssen sie alle zumutbaren Arbeiten annehmen. Das kann zum Beispiel für einen IT-Fachmann der Reinigungsdienst sein. Eine schlechtere Bezahlung muss man sich zudem gefallen lassen. Lehnen Sie aus Sicht der Arbeitsagentur zumutbare Betätigungen ab, dann müssen Sie zumindest mit einer Sperre der ALG-Überweisung rechnen.

Rentenlücken selbst auffüllen lohnt sich oft

Versicherte dürfen sich mit Geld auch Entgeltpunkte bei der Rentenkasse kaufen, um das Ruhegeld später zu erhöhen. Dieses Geschäft ist für viele erstaunlich oft rentabel.

Die Rente selber aufstocken – das rentiert sich für viele Noch-Berufstätige sowie Selbstständige vor allem deshalb, weil sie damit leicht Steuern sparen können. Unsere Rentenexperten gingen der Frage auf den Grund, was Einzahlungen in die gesetzliche Rentenversicherung bringen und wie sinnvoll das Vorsorgesparen für Menschen in unterschiedlichen Erwerbssituationen im Jahr 2022 war. Das wichtigste Ergebnis lautet: 2022 war ein gutes Jahr für Einzahlungen. Denn: Es gab mehr Rentenansprüche fürs Geld.

Für verschiedene Lebenssituationen vor der Rente und in der Früh-Rente wurde beispielhaft durchgerechnet, was das Zusatz-Geld bringt.

Checkliste

Freiwillig Beiträge einzahlen

- ☐ **Antrag stellen.** Um freiwillige Beiträge zahlen zu können, müssen Sie einen Antrag auf freiwillige Versicherung in der gesetzlichen Rentenversicherung stellen. Fragen Sie nach dem Formular V0060.

- ☐ **Freiwillige Beiträge einzahlen.** Diese überweisen Sie in der Regel monatlich. Definieren Sie zuvor die Höhe: Für 2022 mindestens 83,70 Euro und höchstens 1 311,30 Euro im Monat. Für einen Entgeltpunkt auf Ihrem Rentenkonto müssen Sie 7 235,64 Euro einzahlen. Dieser Zusatzbetrag erhöht Ihre Rentenanwartschaft dann um 36,02 Euro monatlich (West, Stand 2, Halbjahr 2022).

- ☐ **Beiträge erhöhen oder kürzen.** Freiwillige Beiträge können Sie zu jedem Zeitpunkt aufstocken oder kürzen. Dazu stellen Sie einen Antrag. Die freiwillige Versicherung kann man auch ganz beenden, wenn man so nicht mehr vorsorgen mag.

- ☐ **Noch für 2022 nachzahlen.** Haben Sie bisher keine freiwilligen Beiträge gezahlt, können Sie für das vergangene Jahr bis zum 31. März 2023 nachzahlen. In bestimmten Fällen ist das auch noch später möglich, zum Beispiel wenn Sie erst kurz vor dem 31. März einen Antrag auf freiwillige Versicherung stellen.

- ☐ **Die Rentenhöhe ausrechnen.** Mit unserem Rechner für freiwillige Beiträge können Sie sehr einfach selbst berechnen, wie Ihr freiwilliger Beitrag Ihre Rente erhöht: test.de/freiwilligrente.

- ☐ **Beiträge von der Steuer absetzen.** Führen Sie freiwillige Beiträge immer als Altersvorsorgeaufwendungen in Ihrer Steuererklärung an. Es gilt das Abflussprinzip: Sobald Sie den Jahresbeitrag für 2022 erst im März 2023 bezahlen, können Sie diese Zahlung in Ihrer Steuererklärung auch erst für das Jahr 2023 geltend machen.

30 SEKUNDEN FAKTEN

83,70
Euro Zusatzbeitrag im Monat, ein Jahr lang gezahlt, ergeben **4 Euro** mehr Monatsrente.

1 311,30
Euro Zusatzbeitrag im Monat für ein Jahr gezahlt bringen **70 Euro** mehr Monatsrente.

210 000
Menschen versichern sich derzeit so freiwillig bei der Deutschen Rentenversicherung.

Quelle: Deutsche Rentenversicherung, Stand 1.Hj. 2022

Selbstständige

Selbstständige IT-Berater und Bauunternehmerinnen, Makler oder Floristinnen müssen in Eigenregie ihre Altersversorgung aufbauen. Ein möglicher Baustein für solche versicherungsfreien Selbstständigen können freiwillige Beiträge in die gesetzliche Rentenversicherung sein. Sie eignen sich, um eine Basisversorgung aufzubauen. Sie eignen sich aber auch, um einige Jahre vor dem geplanten Ruhestand bei der Vorsorge noch einmal nachzusteuern. Etwa, wenn die Rürup-Rente geringer ausfällt als erwartet oder die laufenden Kosten im Alter höher sind als gedacht. Möglich ist diese Flexibilität, weil Selbstständige die Zahlungen jederzeit aufnehmen und auch wieder einstellen können. Anders als die meisten pflichtversicherten Angestellten können sie auch recht frei wählen, wie viel sie monatlich überweisen möchten: zwischen dem Mindestbeitrag in Höhe von 83,70 Euro im Monat und dem derzeitigen Höchstbeitrag von rund 1311, 30 Euro im Monat (Stand 6/2022). Ein bequemer Weg, sich eine Basisvorsorge zu schaffen, ist, den Regelbeitrag zu zahlen. Er sorgt ungefähr für ein Absicherungsniveau, wie es durchschnittliche verdienende Arbeitnehmende haben. Seine Höhe passt der Gesetzgeber jährlich an. 2022 lag er bei 611,94 Euro im Monat oder 7343,28 Euro im Jahr. Die monatliche Rente steigt damit um 34,70 Euro. Vor allem die steuerliche Förderung macht diese Art der Vorsorge attraktiv: Für 2022 können Alleinstehende bis zu

25 639 Euro für ihre Altersvorsorge beim Finanzamt geltend machen, Ehepaare das Doppelte. Anerkannt werden hiervon aufgrund einer Staffel-Regelung 2022 jedoch nur 94 Prozent. Die Gegenüberstellung von Einzahlung und Steuereffekt zeigt: Je höher der Gewinn und je höher die freiwillig geleisteten Beiträge, desto mehr zahlen sich diese steuerlich vorteilhaft aus. Das zeigen die beiden Beispiele rechts, die unsere Rentenexperten mit jeweils unterschiedlichem Jahresgewinn und Beitragshöhe gerechnet haben.

Beamte

Beamte sind in der Regel mit ihren Pensionen gut fürs Alter aufgestellt. Für die meisten dürfte es kein Problem sein, später die laufenden Kosten zu decken. Viele könnten es sich deshalb erlauben, bei der Zusatzvorsorge ruhig etwas risikoreicher vorzugehen, etwa mit unserem Anlagekonzept Pantoffel-Depot (siehe Seite 58 ff.). Für Beamte, die ganz auf Nummer sicher gehen wollen oder denen bis zum Rentenalter nur noch wenig Zeit bleibt, sind freiwillige Beiträge in die gesetzliche Rentenversicherung aber durchaus eine Option. Weil die Rentenversicherung privat Krankenversicherten im Alter einen Zuschuss zahlt, haben die überwiegend privat versicherten Beamten unter Umständen sogar besonders viel von freiwilligen Beiträgen. Das zeigen Beispielrechnungen unten. Der Zuschuss beträgt derzeit 7,95 Prozent der Rente, höchstens aber die

Der Fall: Selbstständige

Der Fiskus beteiligt sich mit hohen indirekten Zuschüssen an der Altersvorsorge.

Selbstständiger	Fall 1	Fall 2
Jahresgewinn	100 000 Euro	50 000 Euro
Freiwillige Beiträge	15 735 Euro	7 343 Euro
Steuerersparnis	6 951 Euro	2 290 Euro
Effektiver Eigenbeitrag	8 784 Euro	5 053 Euro
Staatlicher Anteil	44 %	31 %
Rentenplus (brutto) / Monat	74 Euro	35 Euro

Quelle: test.de, Stand 1. Hj. 2022; Selbstständige

Hälfte des privaten Versicherungsbeitrags. Überschreitet der Zuschuss bestimmte Grenzbeträge, kann das unter Umständen den Beihilfeanspruch verringern. Man kann auf den Zuschuss ganz oder teilweise verzichten. Steuerlich kommen Beamtinnen und Beamte nicht ganz so günstig weg wie Selbstständige. Freiwillige Rentenbeiträge gelten zwar auch bei ihnen als Vorsorgeaufwendungen, die das Finanzamt bis zu einer bestimmten Höchstgrenze als Sonderaus-

Der Fall: Beamte

Der staatliche Anteil an der zusätzlichen Altersvorsorge ist bei höheren Bezügen geringer als bei Selbstständigen.

Beamte	Fall 1	Fall 2
Jahresbezüge	100 000 Euro	50 000 Euro
Freiwillige Beiträge	15 736 Euro	7 343 Euro
Steuerersparnis	4 672 Euro	4 902 Euro
Effektiver Eigenbeitrag	11 064 Euro	4 902 Euro
Staatlicher Anteil	30 %	33 %
Rentenplus (brutto) / Monat	74 Euro	35 Euro
Zuschuss Krankenversicherung (brutto) / Monat	6 Euro	3 Euro
Zahlung insgesamt (brutto) / Monat	80 Euro	37 Euro

Quelle: test.de, Stand 1. Hj. 2022; Annahmen: Der Beamte ist alleinstehend und kinderlos. Den Großteil seiner Krankheitskosten (70 Prozent) übernimmt die Beihilfe, die restlichen 30 Prozent sind über eine private Kranken- und Pflegeversicherung gedeckt. Dafür zahlt er 250 Euro im Monat. Steuerlich berücksichtigt werden für das Jahr 2022 Ausgaben für die Rentenbeiträge und Pauschalen für Werbungskosten und Sonderausgaben.

gaben steuermindernd berücksichtigt. Die allgemeine Grenze lag 2022 bei 25 639 Euro. Beamten wird allerdings weniger angerechnet. Da Beamte für ihre Altersversorgung keine eigenen Rentenbeiträge zahlen, reduziert das Finanzamt die Höchstgrenze um einen fiktiven Wert. Er entspricht der Höhe der Rentenbeiträge, die sie zahlen müssten, wären sie sozialversicherungspflichtig beschäftigt. Einfacher Grund: Sie sollen nicht bessergestellt sein als Arbeitnehmer. Bei denen zählen die Rentenpflichtbeiträge, die der Arbeitgeber an die Rentenkasse abführt, automatisch als Vorsorgeaufwendungen mit. Optimieren können Beamte ihren Steuervorteil, sobald sie größere Einzahlungen über mehrere Jahre verteilen. Trotz der Sonderregel profitieren Beamte steuerlich, wie die beiden Beispiele zeigen.

Freiberufler

Ärzte, Apothekerinnen, Rechtsanwälte oder Architektinnen – sie alle sind freiberuflich Tätige, die in ihrem berufsständischen Versorgungswerk eine Pflichtversicherung unterhalten. Das Gleiche gilt für Arbeitnehmer in den klassischen Kammerberufen. Das jeweilige Versorgungswerk sichert sie fürs Alter ab. Für die meisten Freiberuflerinnen und Freiberufler dürfte die gesetzliche Rentenkasse deshalb ein Nebenschauplatz sein. Ein Vergleich schadet aber dennoch nicht. Deutschlandweit gibt es rund 90 verschiedene Versorgungswerke. Die meisten Mitglieder haben die Versorgungswerke der

Ärzte – rund 400 000. Die verpflichtende Zugehörigkeit zu einem Versorgungswerk ermöglicht es Freiberuflern, sich von der Rentenversicherungspflicht in der gesetzlichen Rentenversicherung zu befreien. Die meisten nutzen das, galten die Versorgungswerke doch lange als Luxusklasse der Altersvorsorge. In der Niedrigzinsphase sind jedoch einige von ihnen mit ihren Investments im Kapitalmarkt in finanzielle Schieflagen geraten. Naheliegend war es für viele Freiberufler, mehr in die eigene berufsständische Versorgungseinrichtung einzuzahlen, wenn sie ihre Rente erhöhen wollten. Hier sind Einzahlungen über die Pflichtbeiträge hinaus möglich. Das hält die Rentenbürokratie klein. Aber Freiberufler können stattdessen oder zusätzlich auch freiwillig in die gesetzliche Rentenversicherung einzahlen. Sinnvoll kann das sein, wenn sie an der Leistungsfähigkeit ihres Versorgungswerks zweifeln. Für zusätzliche Beiträge könnten auch schlechtere Bedingungen gelten als für ältere Pflichtbeiträge. Die gesetzliche Rentenkasse kann sich somit lohnen. Steuerlich werden freiwillige Zahlungen an die Rentenkasse oder das Versorgungswerk gleichbehandelt. Wie stark sie sich auswirken, zeigt das Rechenbeispiel für eine Freiberuflerin. Sie überweist neben Ihren 15 735,60 Euro Pflichtbeitrag ans Versorgungswerk noch 93,36 Euro an die gesetzliche Rentenkasse, um so steuerlich die Grenze von 25 639 für Vorsorgeaufwendungen im Jahr 2022 voll auszuschöpfen.

Der Fall: Freiberufler

Der Staat beteiligt sich in dem Musterfall mit mehr als 40 Prozent Zuschuss an der Zusatzvorsorge.

Beispiel Freiberuflerin	
Jahresgewinn	150 000 Euro
Freiwillige Beiträge	4 125 Euro
Effektiver Eigenbeitrag	5 778 Euro
Staatlicher Anteil	42 %
Rentenplus (brutto) / Monat	47 Euro

Quelle: test.de, Stand 1. Hj. 2022; Annahmen: Eine alleinstehende, kinderlose Freiberuflerin zahlt bereits 15 735,60 Euro an Rentenpflichtbeitrag an ihr Versorgungswerk, zusätzlich zahlt sie in die gesetzliche Rentenversicherung ein. Steuerlich berücksichtigt werden die Ausgaben für alle Rentenbeiträge, ihre gesetzliche Kranken- und Pflegeversicherung und Pauschalen für Werbungskosten und Sonderausgaben.

Frührentner

Merken Ruheständler, dass die Rente nicht ganz reicht, können sie ebenfalls noch freiwillig in die Rentenkasse einzahlen. Das gilt für alle, die ihre Regelaltersgrenze noch nicht erreicht haben: Ruheständler also, die nach 35 oder 45 Versicherungsjahren vorzeitig Rente beziehen, sowie Menschen, die eine Erwerbsminderungsrente bekommen, weil die Gesundheit nicht mehr mitspielt. Die freiwilligen Beiträge wirken sich nicht

Der Fall: Frührentner

Der Steuereffekt beim Zusatzsparen fällt für Frührentner spürbar schwächer aus als für Berufstätige.

Frührentner	Fall 1	Fall 2
Jahresrente	21 600 Euro	21 600 Euro
Freiwillige Beiträge	7 343 Euro	15 735 Euro
Effektiver Eigenbeitrag	6 410 Euro	14 803 Euro
Staatlicher Anteil	13 %	6 %
Rentenplus (brutto) / Monat	35 Euro	74 Euro

Quelle: test.de, Stand 1. Hj. 2022; Annahmen: Steuerlich berücksichtigt werden für das Jahr 2022 bei unserem alleinstehenden, kinderlosen Frührentner Ausgaben für die Rentenbeiträge, seine gesetzliche Kranken- und Pflegeversicherung und Pauschalen für Werbungskosten und Sonderausgaben.

sofort rentensteigernd aus. Auf die Erhöhung müssen Früh- und Erwerbsminderungsrentner warten, bis sie ihre Regelaltersgrenze erreicht haben. Aber – wie bei allen Versicherten – steigt der Wert ihrer Anwartschaften bis dahin mit jeder Rentenerhöhung. Steuerlich kann es also attraktiver sein, noch während der Erwerbstätigkeit etwas mehr an die Rentenkasse zu überweisen. Das Einkommen ist dann in der Regel höher und der Effekt zur Steuerminderung durch zusätzliche Rentenbeiträge größer. Sie erwarten im vorzeitigen Ruhestand einen Geldregen – etwa durch Erbschaft oder Auszahlung einer Lebensversicherung? Wenn Sie sichergehen wollen, dass Sie bis ans Lebensende etwas davon haben, kann die Investition mithilfe der Rentenversicherung und eines Lohnsteuerhilfevereins durchaus einmal durchgerechnet werden. Unsere Rentenexperten haben das für zwei Varianten mit jeweils unterschiedlich hoher Beitragszahlung gemacht. Bereits ab einer Einzahlung von 5 235 Euro wäre hier keine Einkommensteuer mehr angefallen.

Hausfrauen und Hausmänner

Lange raus aus dem Job wegen der Kinder? Das drückt später die Rente. Wie hoch die gesetzliche Rente später ist, hängt stark davon ab, wie viel und wie lange Versicherte eingezahlt haben. Lange Auszeiten für die Familie oder aus anderen Gründen schlagen kräftig zu Buche. Zwar zahlt der Staat dem Elternteil, das sich vorwiegend um die Kinder kümmert, für drei Jahre Rentenbeiträge pro Kind – die sogenannten Kindererziehungszeiten. Das kann längere Auszeiten oder viele Jahre Teilzeitarbeit aber nicht ausgleichen. Eine Mutter hat nach der Phase der Kindererziehung zehn Jahre nur im Minijob gearbeitet. Vorher hatte sie aber durchschnittlich verdient. Das kostet sie nach derzeitigen Werten rund 300 Euro Rente im Monat. Denn im Minijob erwirbt sie kaum Rentenansprüche. Hinzu kommt: Längere Beschäftigungspausen hinterlassen nicht nur Lücken auf dem gesetzlichen Rentenkonto, mit den Einzahlungen in die Betriebsrente ist es meist ebenfalls vorbei. Alle, die später nicht vom Partner oder Staat abhängig sein wollen, brauchen deshalb einen Plan für ihre Rente. Freiwillige Beiträge eignen sich für Eltern, die entweder unabhängig vom Partner vorsorgen wollen oder bereits vor der Familiengründung sozialversicherungspflichtig beschäftigt waren und später vielleicht wieder beruflich einsteigen möchten. Sie bleiben dann in demselben Rentensystem. Einen Teil ihrer Ausgaben für die freiwilligen Rentenbeiträge können Betroffene und ihre Ehepartner durch die Steuervorteile wieder hereinholen. Das gilt besonders für Gutverdienende (siehe Beispiel Seite 107). Minijobber sind zunächst in der Rentenversicherung pflichtversichert, sie zahlen aber nur einen kleinen Anteil Beiträge. Dieser erhöht ihre Rente kaum. Freiwillig mehr einzahlen dürfen sie als Pflichtversicherte nicht. Sie können sich als Minijobber (anders als Vollzeit-/Teilzeitbeschäftigte) von dieser Versicherungspflicht befreien lassen (Antrag bei Minijob-Zentrale stellen).

Der Fall: Hausfrau + Co.

Der Fördereffekt ist in diesem Fall für den Hausmann am größten, wenn seine Ehepartnerin viel verdient.

Beispiel Hausmann	
Jahreseinkommen	0 Euro
Jahresgehalt Ehepartnerin	100 000 Euro
Freiwillige Beiträge	7 343 Euro
Steuerersparnis	2 180 Euro
Effektiver Eigenbeitrag	5 163 Euro
Staatlicher Anteil	30 %
Rentenplus (brutto) / Monat	35 Euro

Quelle: test.de, Stand 1. Hj. 2022; Annahmen: Ein Ehepaar mit zwei Kindern, 5 und 7 Jahre alt, gesetzlich krankenversichert, zahlt für den Ehemann freiwillig in die Rentenkasse ein. Die Ehefrau ist versicherungspflichtig beschäftigt und verdient 100 000 Euro im Jahr. Steuerlich berücksichtigt werden Ausgaben für die Rentenbeiträge, gesetzliche Kranken- und Pflegeversicherung und Pauschalen für Werbungskosten und Sonderausgaben.

Riester, Rürup & Co. sinnvoll einsetzen

Die staatlich geförderte private Zusatz-Absicherung steht vor großen Umbrüchen und rentiert sich ab 55 längst nicht mehr für jeden.

Mit Riester und Rürup die Rente aufbessern – das funktionierte in vielen Fällen zumindest früher. Heute muss die Situation differenziert betrachtet werden, denn ab Mitte 55 lohnen sich nur noch wenige solcher Zusatzrenten. Dazu stehen bei Riester vonseiten der Politik grundlegende Reformen an. Zudem plant die Bundesregierung Änderungen bei der Riester-Rente.

Riester-Produkte

Die Regierung möchte das Riester-Sparen überarbeiten oder womöglich ganz zugunsten einer neuen Aktien-Rente (siehe Seite 77) abschaffen. Die Pläne dazu sind noch nicht bekannt. Sicher ist nur: Für Bestandskunden, die bereits einen Riester-Vertrag haben, wird es Bestandsschutz geben. Bestandskunden sollten sich nicht verunsichern lassen. In der Niedrigzinsphase lohnte sich ein Neuabschluss nur, wenn der Staat den Großteil der Beiträge finanziert. Sparer erhalten 175 Euro Grundzulage im Jahr. Für jedes ab 2008 geborene Kind legt der Staat noch einmal 300 Euro im Jahr darauf, für davor geborene Kinder nur 185 Euro. Zusätzlich können je nach Einkommen auch Steuervorteile dazukommen. Dafür sind jedoch Mindest-Eigenbeträge zu leisten, nämlich vier Prozent des Bruttoeinkommens vom Vorjahr bis maximal 2100 Euro, mindestens aber 60 Euro pro Jahr. Ein Hausmann mit drei kleinen Kindern und Minijob bekäme so für einen jährlichen Mindest-Eigenbeitrag von 60 Euro staatliche Zulagen in Höhe von 1075 Euro oben drauf. Das Geld ist praktisch geschenkt. Wenn er in Rente geht, ist er so schneller nach Beginn der Auszahlphase im Plus als Sparer mit einem höheren Eigenbeitrag, selbst wenn das Verrentungsangebot des Versicherers nicht besonders gut ist. Er bekommt relativ schnell Geld ausgezahlt, dem keine Einzahlungen seinerseits gegenüberstehen.

Ob sich dieses Modell auch mit Mitte 50 noch realisieren lässt, kann man nur in der individuellen Lebenssituation feststellen.

Grundsätzlich bietet Riester-Sparen als Variante mit Fondsanteilen (zum Beispiel als Rentenversicherung mit Fondsinvestment oder Fondssparplänen) bessere Chancen auf eine gute Verzinsung. Riester-Bausparen oder Riester-Banksparpläne lohnen sich schon seit Jahren aufgrund der niedrigen Zinsen so gut wie überhaupt nicht mehr.

Ab Mitte 50 ist ein Neuabschluss von Riester ohnehin nicht mehr empfehlenswert. Zum einen aufgrund der ungünstigen Konditionen und Kosten, zum anderen, weil eine solche Anlage bis zum Rentenstart unter einer Laufzeit von 15 Jahren kaum rentiert. Gerade für Arbeitnehmer, die ab 55 früher aus dem Job aussteigen wollen, ist Riester daher keine gute Option.

Anders sieht es aus, falls Sie schon länger einen Riester-Vertrag gespart hatten und ihn jetzt für die Altersvorsorge nutzen möchten. Die Rente darf streng genommen erst ab dem 62. Geburtstag fließen. Für Vertragsabschlüsse vor 2012 greift das 60. Lebensjahrs als Starttermin.

Ab Alter 55 sollten Sie einen Riester-Vertrag mit Eigenbeiträgen nur noch dann fortführen, wenn Sie sonst lediglich in einem Minijob arbeiten möchten, um die vollen staatlichen Zulagen zu kassieren, oder wenn Sie den Vertrag beitragsfrei stellen und bis zur frühestmöglichen Auszahlung warten.

Mit dem Start der Rente darf man sich bis zu 30 Prozent des angesparten Riester-Kapitals auf einen Schlag überweisen lassen. Der Rest fließt in Form einer lebenslangen Rente aufs Konto.

Früher lässt sich Riester indes auf zwei Wege nutzen:

- über die Auszahlung des Kapitals nach einer Kündigung
- für selbst genutztes Wohneigentum

Alle, die ihr Erspartes im Ruhestand nicht länger in einem Riester-Vertrag binden wollen, können zum Ende der Ansparphase kündigen. Das Guthaben gibt es dann zurück. Zuvor zieht der Anbieter aber die gesamte Förderung aus Zulagen und Steuervergünstigungen, die Sparende vom Staat erhalten haben, wieder ab. Das klingt zunächst nicht gut, kann aber aus Renditegesichtspunkten für einige Sparende, deren Angebot für die Auszahlphase schlecht ist und die auch im Ruhestand höhere Steuern zahlen, trotzdem die beste Alternative sein. Denn die Steuerregeln für solche förderschädlichen Auszahlungen nach einer Kündigung sind günstiger als Riester-Auszahlungen. Besteuert werden allenfalls die Erträge, die der Vertrag erwirtschaftet hat und auch diese oft nicht komplett. Riester-Auszahlungen werden dagegen mit dem persönlichen Steuersatz besteuert.

Die zweite Alternative, um Riester früher zu nutzen, ist eine Umwandlung in eine Wohn-Finanzierung. Egal, ob Sie bisher in eine Riester-Rentenversicherung oder in einen Riester-Banksparplan investiert haben, durch diesen Kniff kommen Sie früher an das Geld heran. Dazu müssen Sie beim Riester-Anbieter das Stichwort „wohnwirtschaftliche Verwendung“ nennen und um die dazugehörigen Formulare bitten. In Ihrem Investment sind Sie dann relativ frei:

Schulden zu tilgen könnte eine gute Idee sein. Dadurch fallen Kreditraten weg oder werden kleiner. Sparer können mit dem Geld auch eine Immobilie kaufen, bauen oder ihre Wohnung altersgerecht umbauen. Der Vorteil: Mit dieser Variante verlieren sie auch die Förderung nicht. Entscheiden sie sich für eine dieser Möglichkeiten, müssen sie darauf achten, dies mindestens ein Jahr vor dem gewünschten Auszahltermin bei der Zentralen Zulagenstelle für Altersvermögen (ZfA) zu beantragen. Ohne deren Bescheid zahlt der Anbieter das Geld nicht aus. Auch wenn es beim Wohn-Riestern keine klassische Auszahlung gibt, fallen Steuern an. Sparer können hier zwischen zwei Besteuerungsoptionen wählen: Sie versteuern das Riester-Kapital auf einen Schlag, müssen dann aber nur 70 Prozent der Summe versteuern. Oder aber sie versteuern die volle Summe gleichmäßig verteilt auf die Jahre bis zu ihrem 85. Geburtstag. Je nach Einkommen und Steuersatz kann die eine oder andere Option sinnvoller sein. Am besten holen Sie sich dazu Rat von Ihrem Steuerberater ein.

Rürup-Rente

Die Rürup-Rente (von den Versicherungsunternehmen auch Basisrente genannt) ist eine staatlich begünstigte Variante der privaten Vorsorge und vor allem für Freiberufler sowie weitere Selbstständige gedacht, denn für sie kommen ja Riester- und Betriebsrenten ohne die Arbeitgeberunterstützung nicht in Betracht. Für sie kann ein Rürup-Vertrag interessant sein. Doch auch Angestellte und Beamte dürfen hier einen Vertrag abschließen. Während bei Riester bei 2100 Euro Einzahlung Schluss ist, lässt sich bei Rürup wesentlich mehr einzahlen und herausholen: Bis zu 25 639 Euro sind es für Ledige im Jahr 2022.

Angestellte und Beamte dürfen genauso wie Selbstständige einen Rürup-Vertrag abschließen.

Je früher man mit solchen Einzahlungen startet, desto besser die Rendite.

Dazu ein getesteter Musterfall: Ein 37-jähriger Selbstständiger mit einem Jahresgewinn von 100 000 Euro steckt 12 000 Euro im Jahr in eine Rürup-Fondspolice. Er spart damit 5 188 Euro Steuern im Jahr, netto zahlt er also nur 6 812 Euro selbst ein, der Rest kommt vom Staat. Läuft der Vertrag gut, erhält er später daraus 20 400 Euro Rente im Jahr. Auf seine Rürup-Rente zahlt er 3 200 Euro Steuern. Mithilfe der Steuerförderung wäre er nach zwölf Jahren im Plus. Ohne Steuerförderung würde es bei einem gut laufenden Vertrag 18 Jahre dauern, bis die Rentenzahlungen die Beiträge übersteigen. Würde man bei dieser Rechnung jedoch nur die versprochene Garantierente ansetzen, dauerte es noch länger – gut 25 Jahre bei der höchsten Garantierente. Stellt man die gleiche Rechnung für einen Angestellten mit mittlerem Einkommen auf, der später mit gesetzlicher Rente, Betriebsrente und Rürup-Rente im Vergleich solide abgesichert ist, verpufft die Steuerförderung. Der Angestellte hätte dadurch keinen Vorteil.

Rürup wird grundsätzlich nur als lebenslange Rente frühestens ab dem 60. Lebensjahr ausgezahlt und nicht als Kapitalbetrag oder Teilkapital wie bei Riester. Von daher ist Rürup unflexibel. Die wichtigsten Vorteile eines Rürup-Vertrags:

- Ein Plus ist die ansehnliche Steuerförderung, die für Gutverdiener die Rendite klar heben kann.
- Man besitzt eine größere Wahlfreiheit als etwa bei Riester. Bei Rürup ist jede Garantie des eingesetzten Kapitals abwählbar und man darf ausschließlich in chancen- und risikoreiche Aktienfonds/ETF investieren.
- Ist man auf Arbeitslosengeld 2 angewiesen, darf das Rürup-Vermögen nicht angerechnet werden.

Die wichtigsten Nachteile eines Rürup-Vertrages:

- **Mangelnde Flexibilität.** Beim Ansparen bleibt das Geld wie in einem Safe eingeschlossen, man kommt selbst in Notfällen nicht heran. Eine Auflösung des Vertrages ist nicht vorgesehen.
- **Ein Abschluss lohnt sich in der Regel für Angestellte nur dann,** wenn sie ihre steuerlichen Freibeträge nicht schon durch Pflichtbeiträge an die gesetzliche Rentenversicherung aufgebraucht haben.
- **Im Alter gibt es die Zahlungen aus einem Rürup-Vertrag nur als monatliche Rente.** Es ist verboten, das Ersparte als Einmalbetrag zu entnehmen.
- **Eine sofortige Nutzung** zur Immobilien-Finanzierung analog zum Wohn-Riester ist nicht möglich.
- **Wer mit Rürup seine Familie als Hinterbliebene** im Todesfall absichern möchte, zahlt das gesondert.
- **Die Leistungen sind nicht sehr gut.** Rürup-Rentner müssen recht alt werden, damit sich die Verträge mit den garantierten Leistungen lohnen. Man sollte eher darauf setzen, dass die Anbieter gute Überschüsse erwirtschaften und die Fonds hohe Gewinne abwerfen.

Private Lebens- und Rentenversicherungen

Kapitallebensversicherungen waren lange Zeit eine beliebte Geldanlage. Altverträge, die Kunden vor vielen Jahren abgeschlossen haben, können wegen der hohen garantierten Zinsen noch attraktiv sein.

Zwei Möglichkeiten, um die privaten Versicherungen früher für eine Rente zu nutzen, sind der Rückkaufswert und die Veräußerung der Police am Zweitmarkt. Der Rückkaufswert lässt sich aus dem angehäuf-

Nachschlag prüfen lassen. Versicherte, die ihren noch laufenden, bereits gekündigten oder längst ausgezahlten Verträgen widersprechen wollen, sollten sich Hilfe von Profis holen. Den Widerspruch auf eigene Faust durchzusetzen, ist sehr kompliziert. Besser ist es, einen auf den Widerspruch von Versicherungsverträgen spezialisierten Anwalt, die Verbraucherzentrale Hamburg (Tel. 0 40/24 83 20) oder einen Dienstleister mit der Prüfung der Verträge zu beauftragen. Wer nicht rechtsschutzversichert ist, sollte vor einem Widerspruch alle Kosten erfragen. Oft lassen sich Ansprüche und nachträgliche Auszahlungen nur gerichtlich durchsetzen.

ten Deckungskapital ermitteln, das sind die eingezahlten Beiträge ohne Kosten (zum Beispiel für Abschluss, Provision, sonstige Gebühren). Steigt man vor dem vereinbarten Vertragsende aus, kann ein Abzug für dieses Storno berechnet werden. Üblich ist ein Prozent der Versicherungssumme. Der Bundesgerichtshof (BGH) urteilte, dass der Rückkaufswert für Policen nicht nach Belieben der Anbieter gekürzt werden darf. Verträge mit Abschluss zwischen 2001 und 2007 müssen mindestens die Hälfte des Deckungskapitals als Rückkaufswert ergeben (Az. IV ZR 17/13 und IV ZR 114/13). Seit 2008 ist der Mindestrückkaufswert etwas umständlich und wenig transparent im Versicherungsvertragsgesetz (VVG) definiert. Die Summe muss man individuell ausrechnen. In den Standmitteilungen muss der Versicherer diesen Rückkaufswert angeben.

Einige Finanzdienstleister kaufen auch private Lebens- und Rentenversicherungen mit Restlaufzeiten von mehreren Jahren auf. Es wird damit geworben, Summen oberhalb des Rückkaufswertes auszuzahlen. Die Berechnungen der Anbieter sind sehr unterschiedlich, ebenso die erwartbaren Auszahlungen an die Kunden. Am besten vergleicht man bei Interesse mehrere Anbieter wie Cashlife, CFI Fairpay, Life Finance, Partner in Life, Winninger oder auch Policen Direkt. Mehr dazu finden Sie auf unserer Internetseite:
test.de/lv-zweitmarkt (Stand 5/2022).

Steuervorteile kassieren: So hilft das Finanzamt

Mit Zulagen und einem Sonderausgabenabzug fördert der Fiskus die private Vorsorge für die Rente.

Garniert mit Hunderten Euro an Zulagen hat der Staat das Riester-Sparen: Wer den Mindest-Eigenbeitrag leistet (4 Prozent vom Bruttovorjahreseinkommen, maximal 2100 Euro oder bei Geringverdienern mindestens 60 Euro), erhält

- 175 Euro Grundzulage jährlich,
- 200 Euro Einsteiger-Bonus bis Alter 25 einmalig,
- 185 Euro Kinderzulage jährlich, für Nachwuchs, der bis Ende 2007 geboren wurde,
- 300 Euro Kinderzulage jährlich für Nachwuchs, der ab 2008 geboren wurde.

Neben den direkten Zulagen gibt es auch Förderungen vom Fiskus. Denn man darf Einzahlungen auf das Riester-Konto in der Einkommensteuererklärung besonders geltend machen. Rentabel ist das vor allem für Kinderlose und Besserverdiener. Die Höhe des Vorteils ist vom Einkommensteuersatz abhängig. Unterm Strich gibt es immer weniger zurück, als es der kalkulierte Steuervorteil besagt, denn alle staatlichen Zulagen werden am Ende wieder subtrahiert. Ein Single mit 70 000 Euro Bruttojahreseinkommen und 2100 Euro Einzahlungen in einen Riester-Vertrag kann so unterm Strich mit einer Steuererstattung von 682 Euro rechnen.

Vorsorgeaufwendungen für das Alter darf man jedes Jahr etwas höher von der Steuer absetzen: 2022 sind es theoretisch bis zu 25 639 Euro. 2023 lassen sich aber praktisch hiervon nur 94 Prozent geltend

---

Den maximalen Steuereffekt für die Privat-Rente erzielen Sie, wenn Sie Ihre optimalen Zulagen und Vorsorge-Einzahlungen als Angestellter, Beamter oder Selbstständiger kurz vor Ihrem frühen Rentenstart bei möglichst hohem Einkommen bzw. hohen Bezügen planen. Zwei bis drei Jahre Vorlauf sind dabei ideal. Dazu sollten Sie sich von Ihrem Steuerberater oder von einem Lohnsteuerhilfeverein unterstützen lassen.

machen. Alleinstehende mithin 24101 Euro, Ehepaare 48202 Euro. Die Regierung plant aufgrund von Urteilen, die abziehbaren Vorsorgeaufwendungen womöglich bereits im Jahr 2023 zu 100 Prozent steuerlich absetzbar zu gestalten. Grund ist ein Urteil des Bundesfinanzhofes aus dem Jahr 2021, das eine verfassungswidrige doppelte Besteuerung von Einzahlungen und Auszahlungen für den Ruhestand als gegeben ansah und diese untersagte.

Zu den vom Finanzamt anerkannten Altersvorsorgeaufwendungen zählen:

- Beiträge zur gesetzlichen Rentenversicherung
- Einzahlungen in die Rürup-Rente oder Basisabsicherung
- Beiträge zur landwirtschaftlichen Alterskasse
- Beiträge zu berufsständischen Versorgungswerken

Vorsicht bei privaten Kapitallebens- und Rentenversicherungen! Hier berücksichtigt der Fiskus nur Altverträge mit Abschlüssen und ersten Einzahlungen vor 2005. Verträge jüngeren Datums gehen aufgrund der politisch geänderten Förderbedingungen ab 2005 leer aus.

Beiträge zu reinen Risikolebensversicherungen kann man hingegen bei der Steuererklärung angeben.

Direktversicherungen, Pensionskassen oder Pensionsfonds bleiben steuerlich außen vor, wenn es für sie eine Förderung vom Fiskus gab.

Der große Vorteil bei Einzahlungen in die Rürup-Rente besteht darin, dass sich auch mit höheren Zahlungen über nur wenige Jahre ein ansehnlicher steuerlicher Effekt erzielen lässt. Vor allem bei Verheirateten ergibt sich mehr Spielraum. Das zeigen die folgenden Musterrechnungen.

In unseren beiden Ratgebern „Steuererklärung – Arbeitnehmer, Beamte" und „Steuererklärung – Rentner, Pensionäre" bereiten wir jährlich aktualisierte Tipps zum Steuersparen auf. Die Ausfüllhilfen führen Schritt für Schritt durch die Steuerformulare und Neuerungen fassen wir übersichtlich zusammen.

Aufwand richtig eintragen! Beiträge für einen Riester-Vertrag sollten Sie bei der Steuererklärung in die Anlage AV eintragen. Die meisten anderen Ausgaben zur Altersvorsorge inklusive privater Versicherungen gehören indes in die Anlage Vorsorgeaufwand. Übrigens: Auch Minijobber dürfen eigene Beiträge zur Rentenversicherung absetzen. Steuerfreie Arbeitgeberbeiträge werden allerdings wieder abgezogen.

Viel Luft für Rürup

Anhand von vier Musterfällen lässt sich der maximal steuerlich absetzbare Beitrag für eine Rürup-Rente abschätzen. Eheleute profitieren besonders.

	Fall 1 Angestellte, verheiratet	Fall 2 Angestellter, Single	Fall 3 Selbstständiger, Single, nicht in gesetzl. Rentenversicherung	Fall 4 Selbständiger verheiratet, nicht in gesetzl. Rentenversicherung
Bruttoeinkommen pro Jahr	30000 Euro	50000 Euro	100000 Euro	100000 Euro
Rürup-Beitrag	2400 Euro	5000 Euro	20000 Euro	20000 Euro
Beitrag zur gesetzlichen Rentenversicherung (inkl. Arbeitgeberanteil)	5580 Euro	9300 Euro	0 Euro	0 Euro
Ergibt anrechenbare Rentenbeiträge gesamt	7980 Euro	14300 Euro	20000 Euro	20000 Euro
Davon 96 % absetzbar	7661 Euro	13728 Euro	19200 Euro	19200 Euro
Abzgl. steuerfreier Arbeitgeberanteil	2790 Euro	4650 Euro	0 Euro	0 Euro
Ergibt absetzbare Aufwendungen	4871 Euro	9078 Euro	19200 Euro	19200 Euro
Maximal möglicher Rürup-Beitrag	45698 Euro	16339 Euro	25639 Euro	51278 Euro

Quelle: wdv/ihre-vorsorge; Annahmen: Wohnort alte Bundesländer, Beitragssatz gesetzl. Rentenversicherung 18,6 %, Berechnungsjahr 2023; Stand 2022

„Da zählt jeder Monat“

Thomas Neumann ist Präsident des Bundesverbandes der Rentenberater und arbeitet in Berlin auch als praktischer Ratgeber für Kunden. Er wirbt dafür, sich früh mit dem eigenen Ruhestand auseinanderzusetzen, da sich dann noch mehr gestalten lässt.

Wie bereite ich mich optimal auf eine Früh-Rente vor?
Egal, wie früh man in den Ruhestand gehen möchte, gilt: Die gesetzliche Rente ist in der Regel die wichtigste Säule der Alterssicherung, das muss man stets auf dem Schirm behalten. Zwei Seiten sollte man beleuchten. 1. Erfülle ich die Voraussetzungen dem Grunde nach für eine vorgezogene Altersrente? 2. Mit welcher Höhe kann ich dann rechnen? Weitere Fragen und Antworten zu einer Früh-Rente schließen sich an.

Wie lassen sich die beiden Fragen am besten klären?
Über eine qualifizierte Rentenauskunft und gegebenenfalls ein vorgelagertes Kontenklärungsverfahren. Diese Auskunft ist sehr zentral und wichtig, denn mit ihr erhält man von der Rentenversicherung zum ersten Mal automatisch im 55. Lebensjahr eine Aufschlüsselung aller Zeiten, die erfasst wurden und für den Rentenbezug relevant sind. Zwar bekommt man jedes Jahr die Renteninformation zur möglichen Rentenhöhe, doch auf der fehlen die individuell berücksichtigten Zeiten. Die notwendigen Schlussfolgerungen für einen vorgezogenen Rentenbeginn kann man aus einer schlichten Renteninformation nicht ziehen.

Ist die Klärung des Versicherungsverlaufs mit 55 nicht reichlich spät, um noch reagieren zu können?
Eindeutig ja. Ich empfehle jedem, diese detaillierte Rentenauskunft früher zu beantragen, denn das darf man. Die Rentenversicherung klärt dazu aber wenig auf. Am besten wäre es, wenn man seine erste Rentenauskunft mit Anfang 40 in den Händen hielte. Da sind die Erinnerungen an Ausbildungszeiten wie Schule, Lehre oder Studium auch noch präsenter und auch Unterlagen noch eher greifbar.

Warum schon in so jungen Jahren?
Der Grund ist ein formaler: Es laufen wichtige Fristen ab, auf die man sich einstellen sollte. Bis 45 darf man zum Beispiel nur Nachzahlungen in die Rentenkasse für Schul- und Ausbildungszeiten leisten. Diese Monate können sehr wichtig sein, wenn es darum geht, die Voraussetzungen für eine vorgezogene Rente mit 63 zu erfüllen – 35 Versicherungsjahre. Da zählt jeder Monat. In unseren Beratungsgesprächen heißt es oft: „Wenn ich

das früher gewusst hätte!“ Der Zeitraum zwischen 30 und 50 ist ein sehr wichtiger, weil man häufig besser verdient und einen gewissen finanziellen Spielraum erlangt, um Rentenlücken mit Nachzahlungen auszugleichen. Ob das geht und was sich lohnt, weiß man aber erst, sobald man seinen bei der Rentenversicherung gespeicherten Verlauf geprüft hat.

Jeder dritte Rentenbescheid soll falsch sein, stimmt das?

Ja und nein. Häufig sind die Versicherungsverläufe unvollständig und das ist nicht immer die Schuld der Rentenversicherung. Mal hat der Arbeitgeber oder ein anderer Träger der Sozialversicherung wie Krankenkasse oder Arbeitsamt die Zeiten und Beiträge nicht vollständig gemeldet, mal der Versicherte Unterlagen vergessen. Und dann können auch menschliche oder technische Fehler bei der Datenübernahme bei der Rentenversicherung erfolgen. Deshalb: Alle Zeiten prüfen und im Zweifel nachmelden. Auch das bringt viele Versicherte näher an eine vorgezogene Rente.

Wie kann man seine Früh-Rente sinnvoll aufbessern?

Wer nicht aus anderen Gründen versicherungspflichtig ist, kann mit freiwilligen Beiträgen seinen Rentenanspruch erhöhen. Und in manchen Fällen auch erst so einen vorgezogenen Bezug möglich machen. Jedoch muss hierzu eine Entscheidung bis zum 31. März des Folgejahres getroffen werden. Viele wissen das nicht und verpassen so eine einfache Chance auf mehr Rente. Nachholen lässt sich das nicht. Zusätzlich kann man sich ab 50 ausrechnen lassen, wie hoch die Abschläge für eine Rente mit 63 sind und welchen Betrag zum Ausgleich dieser Abschläge man einzahlen kann. Das ist ein gutes Instrument, da man die Einzahlungen nicht auf einen Schlag leisten muss, sondern sich bis kurz vor Rentenbeginn Zeit lassen kann, wenn die Pläne für den Ruhestand und Gesundheitsfragen klarer sind. Die Streckung kann auch zur steuerlichen Optimierung sinnvoll sein. Aber der erforderliche Beitragsaufwand kann sich von Jahr zu Jahr ändern – also auch erhöhen.

Was raten Sie, wenn eine größere Summe zur Verfügung steht: Ab in die Rentenkasse oder privat anlegen?

Es kommt darauf an, wie man seine letzte Lebensphase einschätzt: Wer von einer statistischen Lebenserwartung ausgeht, wird eher eine attraktive Rendite von der Rentenkasse erwarten können, weil man mit jedem Monat mehr herausbekommt, als man eingezahlt hat. Zudem erhält man ein verlässliches monatliches Renteneinkommen, ohne sich über die Unwägbarkeiten der Börse Gedanken machen zu müssen. Wer befürchtet, dass der Arzt keine günstige Prognose ausstellt, wäre vielleicht glücklicher, das Geld in der Phase vor 75 anderweitig einsetzen zu können. Als Berater können wir da nur Hilfestellungen und Denkanstöße geben. Abwägen muss das jeder für sich.

Rente ab 63: Der sanfte Übergang

Viele Menschen können früher aus dem Job ausscheiden und schon ihr gesetzliches Ruhegeld beziehen. Wer länger gearbeitet hat, muss dabei kaum Einbußen hinnehmen.

Die magische Altersgrenze von 67 schwingt oftmals mit, sobald es um die Themen Rente oder Abschied vom Arbeitsleben geht. Dabei trennt der 67. Geburtstag die Lebensphasen in Wahrheit gar nicht so rigide zwischen Job und Freizeit. Das an die 70 herangerückte Wiegenfest symbolisiert eher die politisch erwünschte Jahreszahl für eine gesetzliche Regelaltersrente ohne Kürzungen in der Zukunft. Denn diese Grenze steigt erst bis 2029 in Schritten von 65 auf 67 Jahre. Seit Geburtsjahrgang 1947 klettert die Altersgrenze noch bis 2023 um jährlich einen Monat. Wer 1956 geboren wurde, darf mit 65 Jahren und zehn Monaten ein staatliches Ruhegeld erwarten. Ab 2024 steigt die Altersgrenze schließlich in Zwei-Monats-Schritten. Das betrifft erstmals den Jahrgang 1959. Erst für alle ab 1964 Geborenen gilt dann 67 als Zugangsalter. Doch ist diese Grenze längst nicht so starr, wie sie scheint. Hat der Arbeitnehmer mindestens 35 Beitragsjahre in der gesetzlichen Rentenkasse angespart, dann kann er sich schon ab 63 vollkommen seinen Freizeitbeschäftigungen zuwenden. Er muss im Gegenzug für diesen früheren Ausstieg jedoch mit einer geringeren gesetzlichen Rente leben. Besser haben es alle diejenigen, die auf 45 Versicherungsjahre kommen. Sie können ohne Abschläge früher in Rente. Allerdings nicht mit 63, sondern später: 1958 Geborene dürfen dies mit 64 Jahren. Für noch später Geborene erhöht sich diese Grenze stufenweise weiter.

Die Option einer Rente ab 63 bleibt jedoch auch für Jüngere eine oft lohnende Aussicht auf ein selbstbestimmtes Leben nach eigenem Geschmack – wenngleich mit Abzügen. Diese Einbußen lassen sich aber mit Ausgleichszahlungen auffangen und das ist oftmals sogar ein recht gutes Geschäft.

Mit und ohne Abschlag: So funktioniert Rente mit 63

Nicht jeder Bundesbürger muss bis zum regulären Rentenalter arbeiten. Mit genügend Beitragsjahren können viele schon ab 63 von einer Frührente profitieren.

Zwei Wege führen in diese Art vorgezogenen Ruhestand: Entweder, Sie schaffen es, 45 Versicherungsjahre in der Deutschen Rentenversicherung anzusammeln, oder Sie bringen es zumindest auf 35 Versicherungsjahre. Die beiden Varianten unterscheiden sich vor allem darin, ob Sie für den Renten-Frühstart Abschläge in Kauf nehmen müssen oder nicht.

Mit 45 Versicherungsjahren auf dem Konto durfte sich zuletzt der Geburtsjahrgang 1952 ohne Abschläge mit seinem 63. Geburtstag in seine Rente ohne Abschläge verabschieden. Für alle Jüngeren steigt das Zugangsalter weiter an: Jahrgang 1958 darf ohne Kürzungen mit 64 Jahren in Ruhestand, der Jahrgang 1965 erst mit 65 (siehe Seite 120 ff.).

Wer die 35 Versicherungsjahre erreicht, kann ab 63 monatliche Überweisungen von der Rentenkasse erwarten. Aber es sind dafür Abschläge vom regulären Ruhegeld einzukalkulieren, die für Jüngere zunehmen und in der Spitze 14,4 Prozent betragen können. Diese Kürzungen lassen sich weit im Voraus gut abschätzen und man darf sie ab Alter 50 mit Ausgleichszahlungen abfedern (siehe Seite 125 ff.).

Falls Sie einen solchen früheren Rentenbeginn planen, sollten Sie zunächst prüfen, ob alle Versicherungszeiten auf Ihrem Rentenkonto korrekt erfasst sind. Dazu beantragen Sie die Kontenklärung bei der Deutschen Rentenversicherung mit Formular V0100. Dies ist nicht zu verwechseln mit der jährlichen Renteninformation, die Sie ab einem Alter von 27 alljährlich erhalten sollten oder mit der etwas detaillierteren Rentenauskunft, die Sie ab 55 alle drei Jahre erhalten.

Um besser einschätzen zu können, welche Variante der Früh-Rente für Sie überhaupt erreichbar und womöglich interessant ist, sollten Sie dann das Formular V0210 ausfüllen. Damit erfahren Sie, ob und ab wann für Sie eine abzugsfreie Früh-Rente infrage kommt und wie hoch möglicherweise die Abschläge für einen Rentenstart mit 63 wären. Dazu enthält die Antwort der Rentenkasse auch den Hinweis, wie viel Sie einzahlen müssten, um Ihre Abschläge voll oder teilweise auszugleichen.

Der andere Blickwinkel

In vier weiteren Fällen ist es möglich, vor der regulären Grenze eine staatliche Rente zu erhalten: Wer voll erwerbsgemindert ist oder eine Schwerbehinderung hat, kann nach speziellen Regeln früher mit der Arbeit aufhören. Versicherte mit Gesundheitsproblemen haben oft keine Wahl. Sie gehen nicht in Rente, weil sie nicht mehr wollen, sondern weil sie nicht mehr können. Ein medizinisches Gutachten gibt dann den Ausschlag (siehe Seiten 138 und 141). Die dritte Gruppe sind Bergleute mit langen Beschäftigungszeiten. Sind sie nach 1951 geboren, so steigt ihre Altersgrenze stufenweise auf 62 Jahre. Vierte Variante: Ab 47 kann es für Witwen und Witwer die große Hinterbliebenenrente geben (siehe Seite 25).

Von Angehörigen-Pflege bis Zivildienst: Auf die Versicherungsjahre kommt es an

Zeiten und Belege sammeln: Wesentlich für die Option einer Frührente ab 63 sind die erreichten oder erreichbaren Versicherungsjahre. Dazu erhalten Sie spätestens mit der Kontenklärung eine Übersicht, die Sie auf Vollständigkeit prüfen sollten. Je mehr Versicherungsjahre Sie sammeln, umso höher ist Ihr Rentenanspruch und desto früher können Sie ohne Abschläge den Job bleiben lassen. Zielmarke sollten 45 Versicherungsjahre sein.

Für die Schwellenwerte von 35 und 45 Versicherungsjahren zählen jeweils andere Zeiten.

Als Zeiten für eine Altersrente nach 35 Versicherungsjahren werden zum Beispiel anerkannt:

- Beschäftigung und Tätigkeit als Selbstständiger
- Zeiten mit Krankengeld
- Bezugszeit von Arbeitslosengeld 1
- Bezugszeit von Arbeitslosengeld 2 (im Zeitraum von Januar 2005 bis Dezember 2010)
- Bezugszeit von Übergangsgeld
- Versorgungsausgleich bei Scheidung
- Minijobs, wenn gemeinsam mit der Firma Beiträge entrichtet wurden (Minijobs, bei denen die Firma alleine Beiträge zahlte, rechnen nur teils dazu)
- freiwillige Beiträge, die man alleine einzahlte
- Kindererziehung (erste 2,5 bis 3 Lebensjahre)
- private häusliche Pflege (nicht als Job)
- Rentensplitting unter Ehepartnern
- Ersatzzeiten (politische Verfolgung in der DDR)
- Anrechnungszeiten: Zeiten, in denen Sie aus persönlichen Gründen keine Beiträge in die Rentenkasse zahlen können oder konnten – zum Beispiel weil Sie krank waren, schwanger, arbeitslos, in Schulausbildung oder Studium
- Berücksichtigungszeiten (Erziehung von Kindern unter zehn Jahren)

Als Zeiten für eine Altersrente nach 45 Versicherungsjahren werden zum Beispiel anerkannt:

- Pflichtbeiträge für eine Anstellung oder eine Tätigkeit als Selbstständiger
- Minijobs, wenn gemeinsam mit der Firma Beiträge entrichtet wurden (Minijobs, bei denen die Firma alleine Beiträge zahlte, rechnen nur teils dazu)
- Berücksichtigungszeiten und Pflichtbeiträge für Kindererziehung (bis Alter zehn)
- Zeiten der privaten Pflege
- Pflichtzeiten zu Wehr- und Zivildienst
- Pflichtbeiträge oder Anrechnungszeiten, während man Sozialleistungen wie Krankengeld erhielt. Zahlungen der Arbeitsagentur 24 Monate vor dem Rentenstart zählen nur dann hinzu, falls die Firma Pleite ging oder sie ihre Geschäfte aufgab.
- Ersatzzeiten: zum Beispiel Monate der politischen Verfolgung in der DDR
- Freiwillige Beiträge rechnet die Rentenkasse nur an, sobald mindestens 18 Jahre Pflichtbeiträge eingegangen sind.

Dagegen zählen diese Zeiten nicht zu den Versicherungsjahren:

- Schule, Fachschule, Hochschule
- bei Scheidungen die Zeiten des Versorgungsausgleichs
- Zeiten des Rentensplittings
- Bezugszeiten von Arbeitslosenhilfe sowie Arbeitslosengeld 2/Bürgergeld

Als Belege sammeln Sie am besten alles, was die Zeiten und Ihre Tätigkeit oder Funktion währenddessen bestätigt: Mitteilungen und Bescheide von anderen Sozialversicherungen wie der Arbeitsagentur, Zeugnisse, Teilnahmebestätigungen, Gehaltsabrechnungen, Ausweise oder auch Zeugenaussagen und eidesstattliche Versicherungen (zum Beispiel von gepflegten Angehörigen, Freunden oder Bekannten). Die Rentenversicherung hat einen Ermessensspielraum, um solche Belege anzuerkennen und Ihnen hierfür Zeiten auf dem Rentenkonto gutzuschreiben.

Wer früher geht, den belohnt das Finanzamt: So steigen die Anforderungen an die Rente mit 63

Lieber jetzt als später lautet das Motto bei der Frage der Rentenbesteuerung. Denn wer möglichst früh in Rente geht, muss weniger davon versteuern. Es zählt hierbei nicht das Lebensalter, sondern die Jahreszahl. Natürlich können die wenigen gesparten Prozentpunkte nicht die möglichen Renteneinzahlungen von maximal vier mehr Jahren in Vollzeitbeschäftigung bis 67 ausgleichen. Der Effekt des früheren Renteneintritts ab 63 statt mit 65 oder 67 sollte jedoch nicht unterschätzt werden.

Im Jahr 2023 sollte der Steueranteil bei 83 Prozent liegen. 17 Prozent der gesetzlichen Rente blieben steuerfrei. Diesen Freibetrag behält man dann als Euro-Summe für den Rest seines Lebens, auch wenn die Renten steigen. Bis 2040 klettert der Steueranteil dann per anno um einen Prozentpunkt, bis mit 100 Prozent die gesamte Rente erfasst wäre. So weit der Plan.

Eine Frührentnerin, die mit 1500 Euro brutto 2023 in Rente geht, müsste somit 1245 Euro jeden Monat versteuern. Im Jahr wären 14940 Euro zu versteuern. Würde sie nach den alten Plänen der Bundesregierung erst mit 67 in Rente gehen, dann müsste sie bei konstanter Bruttorente 1305 Euro versteuern – oder bereits 15660 Euro im Jahr. Falls ihre Rente über die weiteren vier Jahre Berufstätigkeit ansteigt – was wahrscheinlich ist –, wäre die steuerpflichtige Summe noch größer.

Wie für jeden anderen Steuerpflichtigen auch, so gilt für Rentner ebenfalls seit der Anhebung im Jahr 2023 der Grundfreibetrag von 10632 Euro (für Eheleute dann 21264 Euro). Für Einkünfte unterhalb dieser Schwelle interessiert sich der Fiskus nicht. Allerdings zählen hierzu auch Mieteinkünfte und Kapitalerträge. Wie hoch die Einkünfte inklusive der Rente jenseits des Grundfreibetrages besteuert werden, hängt vom Jahr des Renteneintritts ab.

Die Pläne der Bundesregierung laufen nun darauf hinaus, die längst als verfassungswidrig festgestellte Doppelbesteuerung von Renten in der Einzahl- und Auszahlphase zu vermeiden, indem die Altersvorsorgeaufwendungen bereits im Jahr 2023 komplett steuerlich absetzbar sind und im Gegenzug die Renten erst später voll vom Fiskus berücksichtigt werden. Die Zielmarke der Besteuerung zu 100 Prozent ist jetzt das Jahr 2058.

Rente im Plus

Folgende Steigerungen der staatlichen Ruhegelder gab es.

Jahr	Erhöhung West / Ost (in %)
2007	0,54 / 0,54
2008	1,10 / 1,10
2009	2,41 / 3,38
2010	0 / 0
2011	0,99 / 0,99
2012	2,18 / 2,26
2013	0,25 / 3,29
2014	1,67 / 2,53
2015	2,10 / 2,50
2016	4,25 / 5,95
2017	1,90 / 3,59
2018	3,22 / 3,37
2019	3,18 / 3,91
2020	3,46 / 4,20
2021	0 / 0,72
2022	5,35 / 6,12
2023	3,15 / 3,88

Quelle: Dt. Rentenversicherung, Rentenversicherungsbericht der Bundesregierung; Wert 2023 als Prognose

Durch die Streckung der Rentenbesteuerung ergibt sich für die Ruheständler eine relevante Entlastung von bis zu 23 522 Euro, wie Berechnungen des Finanzwissenschaftlers Werner Siepe zeigen. Der Vorteil einer geringeren Rentenbesteuerung durch einen frühen Renteneintritt mit 63 wird dadurch zwar etwas abgeschwächt, bleibt aber grundsätzlich auch nach den neuen Plänen erhalten.

Frührente und Job: Neue Freiheiten ab 2023

Nach Lust und Laune arbeiten zu gehen und zugleich eine Rente kassieren, ohne dass diese gekürzt wird. Das tun viele Menschen im Rentenalter meist schon jetzt. Frührentner verdanken diese Freiheit allerdings bislang vor allem einer großzügigen Ausnahme. Denn eigentlich legt das alte Gesetz für sie eine Hinzuverdienstgrenze von maximal 6 300 Euro im Jahr fest. Rentner im regulären Rentenalter dürfen dagegen grundsätzlich unbegrenzt hinzuverdienen. Die Regierung hatte aber im Zuge der Corona-Krise die Grenze auf zuletzt 46 060 Euro angehoben. Ende 2022 wäre die Ausnahmeregel ausgelaufen. Statt sie zu verlängern, soll die Grenze für den Hinzuverdienst nun endgültig entfallen. Bei Altersrenten soll es keine Begrenzung des anrechnungsfreien Hinzuverdienstes mehr geben. Als Begründung führt das Bundesarbeitsministerium aus: „Mit der Abschaffung der Hinzuverdienstgrenze bei Altersrenten wird die volle

Flexibilität für den Übergang vom Erwerbsleben in den Ruhestand geschaffen". Vor allem die Arbeitgeber hatten aufgrund des starken Fachkräftemangels Druck gemacht, um auch ältere Arbeitnehmer und Frührentner zumindest teilweise wieder in die Jobs zu locken.

Das war früher oft unattraktiv: Ein Mann mit beispielsweise 18 000 Euro Frührente und 25 000 Euro Hinzuverdienst hätte bisher mit einer Rentenkürzung um 7480 Euro rechnen müssen. Das hielt viele Frührentner von einem erneuten bezahlten Engagement in der Wirtschaft ab.

Wer nun eine vorzeitige Altersrente bezieht, kann jetzt sehr leicht mit dem doppeltem Einkommen planen – also Rente plus Arbeitseinkommen. Für ältere Arbeitnehmer, die sich noch im Beruf engagieren, könnte es sich durchaus lohnen, die eigene Ruhestandsplanung zu überdenken. Denn: Sie dürfen bei Vorliegen der Voraussetzungen eine Frührente beantragen und einfach weiterarbeiten. Der Vorteil: man sammelt weiter Rentenansprüche in Form von Entgeltpunkten, die dann ab dem regulären Rentenalter ein gesteigertes Ruhegeld bringen.

Wie viel das ist, lässt sich leicht überschlagen: Angenommen, man verdient 2000 Euro brutto im Monat zu seiner Frührente hinzu, dann wären das nach vier Jahren etwas mehr als 2,4 Rentenpunkte zusätzlich aufs Rentenkonto. In der Auszahlung wären dies ab dem Regelalter dann rund 100 Euro auf die Rente obendrauf, lebenslang. Arbeitnehmer müssen dafür ihr Unternehmen nicht um Erlaubnis bitten, es genügt, einen Antrag auf vorgezogene Altersrente bei der Deutschen Rentenversicherung zu stellen.

Allerdings werden durch die Kombination von Rente und Jobeinkommen oft zusätzliche Steuern anfallen. Vom Arbeitslohn zieht der Arbeitgeber nach wie vor die Lohnsteuer und bis zum Erreichen der regulären Altersgrenze auch die vollen Sozialversicherungsbeiträge ab. Vom staatlichen Ruhegeld werden hingegen nur Beiträge zur Kranken- und Pflegeversicherung abgezogen. Steuern behält die Rentenversicherung nicht ein. Dafür muss man später eine Steuererklärung abgeben mit der Folge einer möglichen Nachzahlung an den Fiskus. Dieser wird für die folgenden Jahre meist für jedes Quartal Steuervorauszahlungen festlegen, sobald es zur Rente einen Hinzuverdienst gibt.

Mehr Freiheiten sollen ebenso Empfänger einer Erwerbsminderungsrente ab dem Jahr 2023 (siehe Seite 141 ff.) genießen: Ihnen ist bei voller Erwerbsminderung nun ein jährlicher Hinzuverdienst von 17 823,75 Euro gestattet, ohne dass es zu Abzügen kommt. Bei halben EM-Renten steigt diese Schwelle sogar noch weiter. Diese Hinzuverdienstgrenze soll künftig jährlich neu festgelegt und an die Entwicklung der so genannten Bezugsgröße angepasst werden.

Variante 1: Ohne Abschlag zwischen 63 und 65 in Rente

Die frühe Rente ohne Abschläge ist eine Belohnung der Sozialkassen für „besonders langjährig Versicherte". Ältere genießen klare Vorzüge.

45 Versicherungsjahre sind die Eintrittskarte für diese Variante der Rente mit 63. Rein rechnerisch wird klar, dass man dafür am besten ab 18 schon mit dem Sammeln von Beitragsjahren begonnen haben sollte, sonst bleibt der Schwellenwert für eine frühere Rente ohne Abzüge eher unerreichbar. Die „Altersrente für besonders langjährig Versicherte" mit 63 gibt es seit 2014. Sie erlaubt es Menschen mit besonders langer Erwerbsbiografie, ohne Abschläge früher in Rente zu gehen. Der Jahrgang 1952 konnte zuletzt mit 63 den Ruhestand genießen, denn auch hierfür steigt das Zugangsalter schrittweise auf 65 Jahre an.

Wesentlich ist, dass sich der Hinweis „ohne Abschläge" auf den Zeitpunkt des Renten-Starts bezieht. Man erhält in Wahrheit allein durch die geringere Anzahl von erreichten Rentenpunkten trotzdem etwas weniger Rente, als wenn man bis zum regulären Rentenalter weiter gejobbt hätte. Als Faustregel kann man sagen, dass die „Rente mit 63 ohne Abzüge" für alle ab 58 nun stets zwei Jahre vor der regulären Altersrente beginnt – also heute zwischen 64 und 65.

Meist rentiert es sich nicht, für die etwas höhere Rente länger zu arbeiten. Als wesentliche Ursache kann die relativ kurze Zeitspanne zwischen früher und regulärer Rente gelten, die heute höchstens zwei Jahre beträgt. Binnen dieser zwei Jahre lässt sich nämlich das gesetzliche Ruhegeldkonto nur sehr begrenzt aufstocken. Selbst Besserverdiener ab 84 600 Euro Bruttojahresverdienst bringen es aufgrund der Bemessungsgrenzen dabei nur auf höchstens 1311 Euro Monatsbeitrag und können so pro Jahr 2,1748 Entgeltpunkte kassieren. Nach 24 Monaten längerer Arbeitsphase erhöht sich selbst für sie ihre Rente damit maximal um gerade einmal 148,72 Euro (Stand 6/2022, West). Der Aufwand für dieses Renten-Plus erscheint unverhältnismäßig hoch. Das bestätigen Musterrechnungen für Durchschnittsverdiener.

Beispiel: Ein Mann, Geburtsjahr 1958, erreicht 45 Beitragsjahre in der Rentenkasse und hat bisher 45 Entgeltpunkte in den alten Bundesländern gesammelt. Er kann ohne Abschläge mit 64 Jahren in Rente gehen und bekommt 1539 Euro. Entschließt er

Zugang zur Rente mit 63 ohne Abschlag

Für besonders langjährig Versicherte steigt die Altersgrenze von 63 Jahren in Zwei-Monats-Schritten. Wer 1964 oder später geboren wurde, darf sie erst mit 65 nutzen.

Jahr der Geburt	Altersgrenze	Erreichbar im Zeitraum
1952	63	vor 2023
1958	64	bis 01/2023
1959	64 + 2 Monate	03/2023–03/2024
1960	64 + 4 Monate	05/2024–05/2025
1961	64 + 6 Monate	07/2025–07/2026
1962	64 + 8 Monate	09/2026–09/2027
1963	64 + 10 Monate	11/2027–11/2028
1964	65	01/2029–01/2030
Ab 1965	65	Ab 2030, ab 65. Lebensjahr

sich, erst mit seinem Regelrentenalter von 66 Jahren in Rente zu gehen und arbeitet mit einem Durchschnittsgehalt weiter, so könnte er 47 Entgeltpunkte erreichen. Seine Regelaltersrente würde dann 1607 Euro betragen (Stand 6/2022).

Ob das die 68 Euro mehr wert ist? Zu bedenken bei einem Vergleich ist auch: Der Früher-Rentner durfte ja schon zwei Jahre länger sein Ruhegeld kassieren – immerhin knapp 37000 Euro. Der ökonomische Vorteil des Frührentners gegenüber dem Regel-Rentner bleibt in Musterkalkulationen sehr lange erhalten: Erst ab seinem 112. Geburtstag schiebt sich der Regel-Rentner an Platz eins.

Einen frühen Plan sollten Sie für die Rente mit 63 ohne Abschläge bereits in jungen Jahren entwickeln. Denn um die nötigen 45 Beitragsjahre zu sammeln, müssen Sie jeden Monat akribisch nutzen. Bis 45 können Sie zum Beispiel gewisse Schulzeiten nach-

30 SEKUNDEN FAKTEN

829 000

Neuzugänge bei den Altersrenten gibt es pro Jahr in Deutschland.

470 000

davon werden als vorgezogene Renten ausgezahlt.

194 000

Neurentner akzeptieren dabei Abschläge in Höhe von **103 Euro** im Durchschnitt pro Monat.

591 000

Neurentner gingen im Jahr 2000 in den vorgezogenen Ruhestand.

Quelle: Dt. Rentenversicherung, 2020/2021

versichern. Außerdem zählen Kindererziehung, private Pflege, Wehr- oder Zivildienst sowie Kurzarbeit (auch aufgrund der Corona-Pandemie) dazu, die Sie belegen müssen. Zum Aufspüren solcher wertvollen Zeiten können Sie neben der kostenlosen Beratung in der Rentenversicherung auch einen privaten Rentenberater einschalten. Das rentiert sich vor allem dann, falls Ihnen nur wenige Jahre oder Monate bis zum Erreichen der 45 Jahre fehlen. In der jährlichen Renteninformation, die man ab 50 erhalten soll, ist auch vermerkt, ob unter den gegebenen Voraussetzungen die 45 Versicherungsjahre überhaupt noch erreichbar sind.

→ Vorsicht, Verwechselungsgefahr!

Um für die Rente mit 63 ohne Abschläge auf die geforderte Wartezeit von 45 Jahren zu kommen, muss man fein unterscheiden: Das Arbeitslosengeld 1 der Arbeitsagentur zählt dazu, die Arbeitslosenhilfe jedoch nicht. Ebenso werden zwar viele Zeiten des Bezugs von Sozialleistungen wie Krankengeld angerechnet, jedoch nicht Zeiten der Sozialhilfe.

Variante 2: Mit Abschlägen ab 63 in den Ruhestand

Bis zu vier Jahre früher ein Leben ohne Arbeit starten? Das klappt leichter, wenn man Abschläge beim Ruhegeld akzeptiert. Einbußen lassen sich ganz oder teilweise kompensieren.

35 Versicherungsjahre genügen, um mit dem 63. Geburtstag ein neues Lebenskapitel ohne Job aufschlagen zu dürfen. Wesentlich niedrigere Hürden als die Variante 1 bietet die sogenannte „Altersrente für langjährig Versicherte", deren Renteneintrittsalter mit 63 Jahren unabhängig vom Geburtsjahrgang konstant bleibt. Denn hier sind lediglich 35 Jahre in der Rentenversicherung erforderlich. Nachteil: Den Ausstieg als „langjährig Versicherter" erkauft man sich im Vergleich zum Ausstieg als „besonders langjährig Versicherter" der Variante 1 recht teuer. Denn zur geringeren Anzahl an gesammelten Entgeltpunkten kommen hier noch Abschläge auf die bis zum Ausstieg erarbeitete Rente hinzu. Für jeden Monat, den man als Versicherter früher als regulär in Rente geht, sinkt das Ruhegeld um 0,3 Prozent. Wer die Möglichkeiten voll ausnutzt und mit 63 vier Jahre früher als zu seinem regulären Alter 67 in den Ruhestand abwandert, der muss den maximalen Abschlag von 14,4 Prozent schultern.

Durch das steigende Regelrentenalter steigt auch für jeden Jahrgang der Abschlag, den Versicherte in Kauf nehmen müssen, sobald sie mit 63 in Rente gehen möchten. Ab dem Geburtsjahrgang 1964 kostet der Renteneintritt mit 63 Jahren die vollen Abschläge in Höhe von 14,4 Prozent.

Wichtig: Die Höhe der Rente bleibt auf diesem Niveau und steigt nicht auf 100 Prozent ohne Abschläge an, sobald der Frührentner sein Regelrentenalter erreicht hat. Das wird an diesem Musterfall anschaulich.

Beispiel: Eine vorgezogene Ruheständlerin, Jahrgang 1959, würde ihr reguläres Rentenalter mit 66 Jahren und zwei Monaten erreichen. Sollte sie bis dahin durcharbeiten, dann erhielte sie eine Rentenzahlung von 1476 Euro. Bis zu ihrem 63. Geburtstag käme sie nach heutigem Stand auf eine monatliche Bruttorente von 1368 Euro (alte Bundesländer bei einem Durchschnittsverdienst über 40 Jahre). Bei Rentenbeginn mit 63 Jahren muss sie einen Abschlag in Höhe von 11,4 Prozent (38 Monate x 0,3) verkraften. Als Summe für den Abzug ergeben sich rund 156 Euro, sodass ihr unterm Strich 1 212 Euro übrig bleiben. Diese Abschläge behält die Frührentnerin bis zum Ende ihres Le-

Abzüge für die Rente mit 63

Wer 35 Versicherungsjahre erreicht hat, darf früher aufhören. Jüngere zahlen dafür jedoch höhere Abschläge.

Geburtsjahrgang	Regulärer Rentenstart	Abschlag in % für Rente mit 63
1958	66	10,8
1959	66 + 2 Monate	11,4
1960	66 + 4 Monate	12,0
1961	66 + 6 Monate	12,6
1962	66 + 8 Monate	13,2
1963	66 + 10 Monate	13,8
Ab 1964	67	14,4

bens und sie greifen auch bei nachfolgenden Rentenerhöhungen.

Die notwendigen Zeiten für die 35 Beitragsjahre lassen sich bei der Variante 2 leichter erlangen: Dazu zählen auch Zeiten mit freiwilligen Beiträgen, Versorgungsausgleich und Rentensplitting sowie bestimmte „Anrechnungszeiten", in denen man aus persönlichen Gründen selber keine Beiträge leisten konnte wie Krankheit, Schwangerschaft, Arbeitslosigkeit oder Studium.

Entscheidend für die Berechnung der Abschläge sind immer die bisher in der Rentenversicherung erreichten Entgeltpunkte. Diese erfährt man mit der jährlichen Renteninformation ab 50. Man kann sie auch schon früher in einer Auskunft erfragen. Für jedes Jahr, in dem man wie der Durchschnitt verdiente (2022: 38 901 Euro), erhält man einen Entgeltpunkt gutgeschrieben, bei höherem Einkommen mehr.

Ein Entgeltpunkt bringt 34,19/33,47 Euro Rente (West/Ost, Stand 6/2022). Im Falle einer Rentenerhöhung um beispielsweise drei Prozentpunkte wird die Steigerung immer auf den bisherigen Euro-Wert des Entgeltpunkts angewendet und dann mit der Anzahl der erreichten Entgeltpunkte multipliziert.

Für eine Frau, Jahrgang 1961, ergäbe sich ein regulärer Renten-Start mit 66 Jahren und 6 Monaten. Wenn sie mit 63 in den Ruhestand gehen möchte, hat sie Abschläge für 42 Monate zu tragen, also 12,6 Prozent. Je nachdem, wie viele Entgeltpunkte sie sammeln konnte, ergeben sich unterschiedliche Höhen des Abschlags.

Unterm Strich wird sich in vielen Konstellationen die Rente mit 63 lohnen. Das zeigt auch ein Verlaufsvergleich der Beiträge und Zahlungen mit der regulären Altersrente.

Wann sich Ausgleichszahlungen für die Rente ab 63 lohnen

Mit 63 dürfen sich all diejenigen bereits früher in Rente verabschieden, die mindestens 35 Versicherungsjahre erreicht haben. Das ist aktuell der Geburtsjahrgang 1959. Diese Gruppe kommt als Gegenleistung mit einem Abschlag von 11,4 Prozent auf die bis

Frührente bringt lange mehr Geld

Die reguläre Rente fällt höher aus als eine Frührente mit Abschlägen. Allerdings fließt sie erst deutlich später. In Summe sind Frührentner durch die frühere Zahlung bis zum 81. Lebensjahr im Plus.

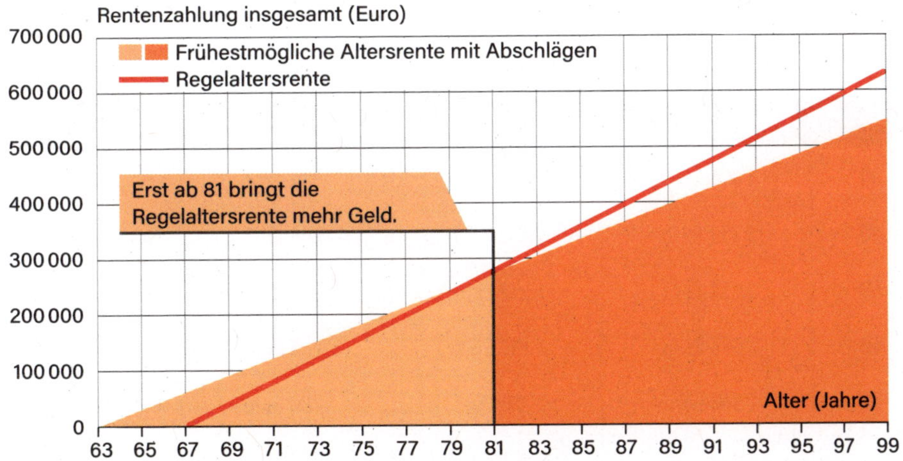

Die Berechnung basiert auf einer Versicherten, die 1965 geboren wurde und immer durchschnittlich verdient hat. Sie kann mit 63 mit Abschlägen von 14,4 Prozent in Rente gehen oder mit 67 ohne Abschläge.

So viel kostet die Rente mit 63

In den Musterrechnungen für eine Frau, Jahrgang 1961, schrumpft der Rentenanspruch um bis zu 329 Euro. Die reguläre Altersrente wäre noch einmal um bis zu 120 Euro höher.

Erreichte Entgeltpunkte	Reguläre Altersrente mit 66 + 6 Monaten	Theoretisch erreichte Rente mit 63	Abzüglich 12,6 Prozent	Ergibt geminderte Rente mit 63
Beispiel Westdeutschland				
30	1026 Euro	906 Euro	114 Euro	792 Euro
40	1368 Euro	1248 Euro	157 Euro	1091 Euro
50	1710 Euro	1590 Euro	200 Euro	1390 Euro
60	2051 Euro	1931 Euro	243 Euro	1688 Euro
70	2393 Euro	2273 Euro	286 Euro	1987 Euro
80	2735 Euro	2615 Euro	329 Euro	2286 Euro
Beispiel Ostdeutschland				
30	1004 Euro	887 Euro	112 Euro	775 Euro
40	1339 Euro	1222 Euro	154 Euro	1068 Euro
50	1674 Euro	1557 Euro	196 Euro	1361 Euro
60	2008 Euro	1891 Euro	238 Euro	1653 Euro
70	2343 Euro	2226 Euro	280 Euro	1946 Euro
80	2678 Euro	2561 Euro	323 Euro	2238 Euro

Quelle: Dt. Rentenversicherung; Stand 1. Hj. 2022

dahin erreichte Rente vergleichsweise günstig davon. Weil das eigentliche reguläre Rentenalter bis Geburtsjahrgang 1964 auf 67 Jahre klettert, müssen alle später Geborenen auch mit höheren Abschlägen rechnen, sobald sie schon mit 63 – und damit bis zu vier Jahre früher – ihre gesetzliche Rente beziehen wollen. Für jeden Monat, den man ab 63 früher in Rente geht, sind 0,3 Prozent Abschlag zu bezahlen – maximal 14,4 Prozent.

Früher-Rentner können diese Abschläge mit zusätzlichen Einzahlungen aus der eigenen Schatulle in die Rentenkasse ganz oder teilweise ausgleichen. In vielen Fällen lohnt sich dies, weil sich so schon bei der Einzahlung auch Steuern sparen lassen (siehe Seite 129 f.) und die zusätzlichen Gelder später an den jährlichen Rentensteigerungen teilnehmen. Das lässt im Vergleich etliche andere private Geldanlagen wie Kapitallebensversicherungen meist unattraktiv aussehen.

Entscheidend für die Frage der Rentabilität solcher Ausgleichszahlungen in die gesetzliche Rentenkasse ist jedoch die realistisch eingeschätzte eigene Lebenserwartung. Denn: Die einmal eingezahlten Ausgleichsbeträge bleiben in der Rentenkasse fix gebunden und man kann sie sich nicht anderweitig wieder auszahlen lassen. Je länger die Bezieher also leben, desto mehr haben sie prinzipiell davon.

Andererseits liegt der Vorteil der Rente mit 63 bereits darin, dass man bis zu vier Jahre früher auch schon sein (geringeres) monatliches Ruhegeld erhält und seine Freiheiten genießt. Die Rente bei Erreichen der regulären Altersgrenze mag zwar ab dann um einiges höher ausfallen, den Zeitvorteil kann sie nur schwer wettmachen. Der Grund: Der reguläre Altersrentner erhält im Vergleich zum 63er-Rentner nicht nur bis zu vier Jahre lang nichts, er muss auch noch so lange eigene Beiträge für die Rentenkasse berappen.

Das zeigt dieses Rechenbeispiel eines Frührentners, Jahrgang 1961, der in den alten Bundesländern lebt und seine Rente mit 63 nutzen möchte (das bedeutet 42 Monate vorgezogener Rentenbezug). Er steht kurz vor seinem Rentenstart vor der Entscheidung, den Ausgleichsbetrag noch einzuzahlen oder lieber nicht.

Im Ergebnis lohnt sich die Ausgleichszahlung bereits im ungünstigsten Fall spätestens nach rund 18 Jahren. Ab dann erhält der Rentner im Musterfall mehr ausgezahlt, als er zuvor eingezahlt hatte. Unterstellt man für seine Extra-Zahlungen noch eine konservative jährliche Rentensteigerung von zwei Prozent, so ist er bereits aufgrund des Zinseszins-Effektes nach 15,5 Jahren im Bereich der Rentabilität. Natürlich dürfen dabei die erhaltenen Zahlungen aus der früheren Rente bis zur eigentlichen Altersgrenze nicht vergessen werden: Zwischen 5460 und 10836 Euro hat der Rentner dadurch regelrecht an sich selber ausgezahlt.

Die von der Rentenversicherung geforderten Ausgleichsbeträge in Höhe von

Abstriche für die frühe Rente

Geburts-jahrgang	Reguläres Rentenalter	Rente mit 63 möglich ab	Abschlag (in %) für Rente mit 63	1 500 Euro erreichte Monatsrente würde gekürzt auf
1959	66 Jahre + 2 Monate	01/2022 bis 01/2023	11,4	1 329 Euro
1960	66 Jahre + 4 Monate	01/2023 bis 01/2024	12,0	1 320 Euro
1961	66 Jahre + 6 Monate	01/2024 bis 01/2025	12,6	1 311 Euro
1962	66 Jahre + 8 Monate	01/2025 bis 01/2026	13,2	1 302 Euro
1963	66 Jahre + 10 Monate	01/2026 bis 01/2027	13,8	1 293 Euro
Ab 1964	67 Jahre	01/2027 bis 01/2028	14,4	1 284 Euro

Quelle: test.de 2022; Dt. Rentenversicherung 2022; eigene Berechnungen

33 000 bis 67 000 Euro in den vier Beispielfällen mögen zunächst für 130 bis 258 Euro Monatsrente recht hoch erscheinen. Doch relativieren sie sich, da Versicherte dafür immerhin 13 Jahre lang Zeit haben: Mit den Ausgleichszahlungen für die Rente mit 63 darf man ab einem Alter von 50 beginnen und bis 63 dann jährlich zwei Mal einen gerade passenden Beitrag einzahlen. Je früher das Geld eingezahlt wird, desto eher kann es sich auf dem Rentenkonto in Form von Entgeltpunkten noch vermehren – über jährliche Rentensteigerungen (siehe Seite 118). Diese betreffen nämlich nicht allein die aktuell ausgezahlten Ruhegelder, sondern auch künftige Anwartschaften, die die Versicherten bisher auf den Konten angesammelt haben. Ausgleichsbeträge für Renten ab 63 zählen ebenso dazu.

Diese Rentenerhöhungen können über die Jahre stark schwanken oder ganz ausfallen, aber nie negativ werden. Das ist per Gesetz ausgeschlossen. Über die letzten 22 Jahre betrachtet ergab sich so eine durchschnittliche Steigerung von gut zwei Prozent pro Jahr (vor Steuern und Abzügen).

Die letzte außergewöhnlich starke Erhöhung 2022 ist dabei noch gar nicht berücksichtigt. Damit können viele private Geld-Investments derzeit nicht konkurrieren.

Die Höhe der Ausgleichszahlung, um dieselbe prozentuale Rentenminderung zu kompensieren, kann von Jahr zu Jahr schwanken. Das Ergebnis hängt im Wesentlichen von vier Faktoren ab:

- der bis 63 voraussichtlich erreichten Bruttorente
- dem Durchschnittsverdienst des aktuellen Jahres in Deutschland
- dem aktuellen Beitragssatz zur Rentenversicherung
- dem aktuellen Rentenwert (Monatsrente für einen Entgeltpunkt)

Die Formel für den Ausgleichsbetrag lautet dann so:

Rentenminderung in % für die vorgezogene Rente x Bruttorente : gemindertem Zugangsfaktor zur Rente

Dieser Wert wird multipliziert mit dem Ergebnis dieser Berechnung:

Vorläufiges Durchschnittsentgelt x Beitragssatz : aktueller Rentenwert

Das Beispiel für einen Rentner mit 2400 Euro monatlicher Bruttorente (West, Stand 2. Halbjahr 2022), der 48 Monate früher in den Ruhestand gehen möchte (Rentenminderung um 14,4 %), lautet dann so:

0,144 (Rentenminderung 14,4 %) x 2400 Euro (Bruttorente) : 0,856 (geminderter Zugangsfaktor zur Rente: 1– 0,144) = 403,7383 Euro

Dieser Wert wird multipliziert mit dem Ergebnis dieser Berechnung:

38901 Euro (Durchschnittsentgelt) x 0,186 (Beitragssatz 18,6 %) : 36,02 Euro (aktueller Rentenwert) = 200,8769 Euro

Beide Werte multipliziert ergeben dann den Ausgleichsbetrag:

403,7383 Euro x 200,8769 Euro = 81101,69 Euro Ausgleichsbetrag

Im ersten Halbjahr 2022 musste der Beispiel-Rentner dagegen noch 91241 Euro für die komplette Kompensation seiner Abzüge aufwenden, im ersten Halbjahr 2017 waren es verglichen mit Ende 2022 sogar beinahe 40000 Euro mehr, insgesamt 120042 Euro. Hauptgründe für diese starken Schwankungen sind die von Jahr zu Jahr veränderlichen Rentenerhöhungen sowie Auf- und Ab-Bewegungen beim Durchschnittsverdienst der Bundesbürger – etwa durch die Corona-Pandemie oder durch den Ukraine-Krieg.

Es kann also durchaus Sinn machen, den Kompensationsbetrag auf solche Jahre zu verteilen, in denen man „mehr Rente für das eingezahlte Geld“ erhält. Lassen Sie sich hierzu von der Rentenversicherung in jedem Jahr, in dem Sie etwas Erspartes übrig hätten, persönlich beraten und Ihre aktuellen Konditionen für geplante Einzahlungen neu ausrechnen.

Steuervorteile bei der Ausgleichszahlung

Der Fiskus beteiligt sich am Ausgleich für den vorzeitigen Renteneintritt, und zwar so: Sie rechnen die Ausgleichsbeträge als Sonderausgaben in der Steuererklärung auf. 25 639 Euro waren es für Alleinstehende im Jahr 2022, für Verheiratete gilt der doppelte Betrag. Davon ließen sich 94 Prozent absetzen, also 24 101 Euro für Singles und 48 202 Euro für Paare. 2023 wird dieser Betrag weiter steigen. Weil aber von den Sonderausgaben schon die regulären Beiträge zur Rentenkasse (inklusive des Arbeitgeber-Anteils) abgehen, bleibt nicht in jeder Fallkonstellation genügend Freiraum, um den Rentenabschlag für die Rente ab 63 mit einer einzigen Einzahlung vorteilhaft auszugleichen. Es lohnt sich in vielen Fällen, die Zahlungen über einen längeren Zeitraum zu verteilen. Unsere Musterrechnungen zeigen, dass Versicherte mit einer Einzahlung auf einen Schlag im Gegenzug rund zehn Prozent Steuerersparnis erhalten. Angenommen, Sie wollen Ihre Rentenabschläge mit 30 000 Euro ausgleichen, dann würde sich der Fiskus daran über die Sonderausgaben-Regel mit 3 000 Euro beteiligen. Sie müssten letztlich also lediglich 27 000 Euro aufbringen. Würden Sie Ihre Einzahlungen hingegen über fünf Jahre verteilen, dann ergäbe sich ein wesentlich größerer Steuervorteil um die 30 Prozent. In dem Beispielfall wären das 9 000 Euro, bei letztlich nur noch 21 000 Euro Eigenleistung.

Voraussetzung ist, dass Sie in den kommenden Jahren voraussichtlich auch jeweils genügend Steuern zahlen, um von dem Sonderausgabenabzug profitieren zu können.

Der steuerliche Effekt lässt sich erheblich verstärken, sobald er mit einem „goldenen Handschlag“ für den Ausstieg aus dem Job kombiniert wird. Denn auch eine Abfindung kann man steueroptimiert für die Rente nutzen. Zahlt der Arbeitgeber den ausgehandelten Betrag bei der Rentenkasse auf das Konto seines Ex-Mitarbeiters ein, dann entfallen die sonst üblichen Sozialabgaben auf die Abfindungssumme. Damit nicht genug: Die Hälfte der Abfindung muss dann gar nicht versteuert werden und die zweite Hälfte unterliegt der vorteilhaften Fünftelregelung. Damit wird sie rechnerisch über fünf Jahre verteilt – mit dem Effekt, dass der individuelle Steuersatz aufgrund des Zuflusses einer größeren Summe in einem Jahr weniger emporschnellt. In der Folge bleiben die Abzüge meist geringer.

Abschläge ausgleichen: Dann rentiert es sich

Für verschiedene Rentenhöhen lässt sich der Vorteil einer frühen Rentenphase genau berechnen. Nach 15 bis 18 Jahren hat man das Geld (brutto) heraus.

	Fall 1	Fall 2	Fall 3	Fall 4
Erreichte Entgeltpunkte (lt. Renteninformation)	30	40	50	60
Ergibt eine Monatsrente (brutto)[1)]	1026 Euro	1368 Euro	1710 Euro	2051 Euro
Ergibt eine Monatsrente (brutto) bei Rente mit 63	896 Euro	1195 Euro	1494 Euro	1793 Euro
Abschlag	130 Euro	173 Euro	216 Euro	258 Euro
Ausgleichsbetrag Rentenminderung	33427 Euro	44569 Euro	55712 Euro	66821 Euro
Erhaltene vorgezogene Rente bis Regelaltersgrenze (brutto) gesamt	43092 Euro	50190 Euro	71820 Euro	86142 Euro
Erhaltene vorgezogene Rente bis Regelaltersgrenze (brutto) durch Ausgleichsbeträge	5460 Euro	7266 Euro	9072 Euro	10836 Euro
Gezahlter Ausgleichsbetrag minus erhaltene vorgezogene Rente dafür	27967 Euro	37303 Euro	46640 Euro	55985 Euro
Rentabilität der Ausgleichszahlung ohne Rentensteigerung erreicht nach	17 Jahren + 11 Monaten	18 Jahren	18 Jahren	18 Jahren + 1 Monat
Rentabilität der Ausgleichszahlung mit Rentensteigerung 2 % p. a. erreicht nach	15 Jahren + 6 Monaten	15 Jahren + 8 Monaten	15 Jahren + 9 Monaten	16 Jahren + 8 Monaten

1) bei regulärem Renteneintritt mit 66 Jahren + 6 Monaten

Quelle: Dt. Rentenversicherung, 1. Halbjahr 2022; Rentenberatung Ziemann; T. Gottfried EDV; eigene Berechnungen

„Die Zeit für mich nutzen“

Gunter Hahn (59) entwickelte seinen eigenen detaillierten Plan für einen vorgezogenen Ruhestand: Er kombiniert Altersteilzeit und die Rente mit 63. Bis 2024 arbeitet er in Altersteilzeit voll bei reduziertem Gehalt. Danach kommt die Freizeitphase, die nahtlos in die Rente hinübergleitet.

Was motivierte Sie, einen früheren Start in den Ruhestand zu planen?

Da gibt es einige Gründe: Zum einen geht es mir gesundheitlich nicht so gut, ich leide immer wieder unter Depressionen und war darum auch schon auf Reha. Dazu kommen körperliche Einschränkungen, die ich früher so nicht kannte. Zum anderen hatte ich einen netten Kollegen, der sich sehr auf seine Rente freute und kurz vor Rentenbeginn an einem Hirnschlag starb. Das war mir eine Mahnung. Ich wollte früher in den Ruhestand, um meine Zeit für mich zu nutzen.

Wäre für Sie nicht eine dauerhafte Teilzeitarbeit mit reduziertem Arbeitspensum eine gute Lösung gewesen?

Das habe ich überlegt, aber dann verworfen. Meine Eltern haben mich so erzogen, dass ich schlecht Nein sagen kann, und das spiegelt sich auch im Arbeitsleben bei mir wieder: Ich arbeite bei Siemens Mobility in Erlangen im Bereich der Bahn-Elektrifizierung und bin oft für Probleme der Ansprechpartner, weil man mir zutraut, dass ich sie lösen kann. Bei Teilzeit bekommt man weniger Gehalt und kann trotzdem zum Beispiel nach einer Halbtagsarbeit nicht richtig abschalten. Ich würde dann wahrscheinlich eher Überstunden machen, um Projekte abzuschließen. Also habe ich mit meiner Frau beschlossen: Das bringt nichts.

Welche Regelung für Ihren früheren Rentenstart haben Sie dann gewählt?

Ich nutze die sechs Jahre Altersteilzeit im Blockmodell und im Anschluss die Rente mit 63. Ich arbeite also jetzt bei reduziertem Gehalt in Vollzeit für drei Jahre und bin ab 2024 dann in der Freistellungsphase mit demselben Gehalt. Mit 64 gehe ich dann in Frührente, das wird 2027 so weit sein. Dafür bin ich meinem Arbeitgeber sehr dankbar.

Warum nutzen Sie nicht schon die Frührente mit 63?

Das wollte ich ursprünglich, weil ich auch die 35 Versicherungsjahre als Voraussetzung mitbringe, aber die Bearbeitung des Antrags auf Altersteilzeit hat bei uns mehr als ein Jahr gebraucht, deshalb kommt es nun zu dieser kleinen Verschiebung.

Welche Gehaltseinbußen haben Sie während der Altersteilzeit?
Zum Glück darf ich mich eher zu den Gutverdienern zählen und komme deshalb mit den Abzügen klar. Es sind bei mir jetzt 69,68 Prozent vom letzten Nettogehalt. Früher hatte ich 5561 Euro Grundgehalt im Monat netto, jetzt 3875 Euro. Trotzdem merke ich es: Mein Sohn studiert noch und braucht rund 1000 Euro im Monat. Darum kann ich nicht mehr regelmäßig zusätzlich sparen. Vorher kaufte ich von dem übrigen Geld vor allem Fonds für das Pantoffel-Depot.

Wie haben Sie Ihren Ausstieg aus dem Arbeitsleben geplant?
Erst habe ich mich selber informiert, danach bin ich zu einer persönlichen Beratung der Rentenversicherung gegangen, habe dann den Betriebsrat und danach die Personalabteilung kontaktiert. Dort bekam ich dann auch eine Hochrechnung, um die Abzüge und das Nettogehalt zu sehen. Die war schon ziemlich genau.

Wie haben Sie sich noch finanziell fürs Alter abgesichert?
Die Frage hat mich schon länger beschäftigt und ich habe dafür eine Excel-Tabelle erstellt, mit der ich das bis zum Alter 100 hochrechnen kann. Ich habe eine Direktversicherung, einen Riester-Vertrag, eine Betriebsrente und Erspartes vom Pantoffel-Depot. Unser Haus ist abbezahlt, wir wohnen mietfrei. Es müsste unterm Strich reichen, wenn nicht der Staat Pleite geht oder die Börsen lange Zeit in einer Krise verweilen.

Wie kommen Sie mit den Abschlägen für die Rente klar?
Als ich noch voll verdiente, habe ich zwei Mal 15000 Euro an die Rentenkasse zum Ausgleich der Abschläge überwiesen. Für eine vollständige Kompensation wären zwar mehr als 80000 Euro bei mir nötig gewesen, aber restliches freies Geld investiere ich doch lieber in Fonds, da bin ich flexibler.

Was planen Sie für den vorgezogenen Ruhestand?
Es heißt ja, man solle im Alter drei Sachen tun: etwas Soziales, etwas Geistiges und etwas für den Körper. Ich werde dann öfter ins Fitnessstudio und mehr schwimmen gehen. Ich habe einen Plan für einen Science-Fiction-Roman und als Ingenieur darf natürlich auch etwas zum Tüfteln dabei sein: Ich habe Berechnungen für einen Weltraum-Fahrstuhl angestellt. Dazu möchte ich mich um meine Modell-Eisenbahn kümmern und ich sammle gelaufene Postkarten, also mit Marke und Stempel von allen 293 Postregionen der Welt. 212 habe ich schon. Die restlichen Länder könnte ich später direkt besuchen.

Was würden Sie all denen raten, die einen früheren Rentenstart planen?
Rechtzeitig damit anfangen und sich schon im Vorfeld von einem Steuerberater helfen lassen. Es gibt so viele Regelungen, die man besser bedenken sollte.

Anders früher in Rente: Fünf Alternativen

Es gibt auch unkonventionelle Wege in den vorgezogenen Ruhestand – und bei gesundheitlichen Einschränkungen einige Notausgänge aus dem Arbeitsleben. Wir schauen im letzten Kapitel auf fünf wichtige Varianten.

Andere Chancen und Wahlmöglichkeiten ergeben sich für angehende Früh- und Sehr-Früh-Rentner, sowie sie das gedankliche Korsett der gesetzlichen Rente ablegen, die für die meisten frühestens ab 63 beginnen kann. Jenseits von gesammelten Entgeltpunkten oder abgezählten Versicherungsjahren lässt sich ein selbstbestimmtes Leben ohne die Zwänge eines Jobs auch auf andere Weise erreichen. Dazu braucht es vor allem Mut zur Veränderung. Eine Variante ist das Zeitsparen. Im Kern sammelt man hierbei in frühen Jahren möglichst viel gearbeitete Zeit an, um sie später für einen frühen Renteneintritt wieder auszugeben. Letztlich geht man also auf Vorrat schaffen und spart sich seine Lohnauszahlung im Ruhestand vorher an.

Eine zweite Variante könnte ein beruflicher Statuswechsel sein, und zwar vom Angestellten in die Selbstständigkeit. Hierbei hat man wesentlich mehr Gestaltungsspielräume in Bezug auf einen Ausstieg, aber man trägt auch mehr Verantwortung für sein Handeln. Hinzu kommen zwei weitere Varianten, die meist mit ernsthaften gesundheitlichen Schicksalsschlägen zu tun haben und daher kaum freiwillig geplant werden: die vorgezogenen Renten wegen Schwerbehinderung sowie aufgrund von Erwerbsminderung. Viele Versicherte kennen jedoch hierzu ihre Ansprüche überhaupt nicht und meinen, sie müssten die Folgen ihrer gesundheitlichen Einschränkungen aus eigener Kraft schultern. Dem ist nicht so und hier gelten auch die sonst so strikten Altersgrenzen nicht.

Schließlich darf man ebenso die Variante beziehungsweise Möglichkeit nutzen, seinen frühen Ruhestand außerhalb Deutschlands zu genießen. Ein ausgedehnter Auslandsaufenthalt oder gar die Auswanderung kann Vorteile bringen. Indes: Das Bild einer Liege unter Palmen, das dabei schnell eine schier endlose Urlaubsatmosphäre suggeriert, gehört um realistische Überlegungen und Erwartungen etwas geradegerückt.

Aus Zeit wird Geld: Das Lebensarbeitszeitkonto

Früher mehr arbeiten für die spätere Freizeit: Die gesammelten Stunden lassen sich in eine vorgezogene Rente umwandeln oder man lässt sie sich für die Altersvorsorge auszahlen.

→ **Lebensumstände ändern sich** und dafür eignet sich in besonderer Weise das Lebensarbeitszeitkonto als Vorsorge. Über das gesamte Arbeitsleben erstrecken sich solche Lebensarbeitszeitkonten. Man spart Zeit und/oder Geld an und erhält dafür im Gegenzug später Geld und Freizeit beispielsweise für eine frühere Rente. Die Gründe spielen keine Rolle. Während man die verwandte Altersteilzeit frühestens ab Alter 55 starten darf, gibt es beim Lebensarbeitszeitkonto eine solche Altersgrenze nicht. Man kann grundsätzlich schon zu Beginn seines Berufslebens mit dem Zeitsparen anfangen.

Anders als Kurzzeitkonten müssen Lebensarbeitszeitkonten über Jahre oder Jahrzehnte nicht ausgeglichen oder genommen werden. Kurzzeitkonten regeln meist innerhalb eines Jahres den Ausgleich über Flexikonten, Gleitzeitkonten oder Überstundenkonten. Lebensarbeitszeitkonten gelten hingegen als Langzeitkonten und stehen unter gesetzlichem Schutz über das Flexi-II-Gesetz vom 1. Januar 2009 und haben das Ziel, möglichst viel Zeitguthaben für eine längere Freistellung von der Arbeit anzusammeln.

Das Zeitguthaben kann aus echter Zeit bestehen oder aus Geld. In dem ersten Fall arbeitet man einen Tag lang für das Zeitkonto und erhält später dafür auch genau einen freien Tag, während das Gehalt weiterfließt. Im Geldwert-Modell wird in der Spar-Phase meist der aktuelle Stundenlohn auf das Zeitwertkonto eingezahlt, vom Arbeitgeber verwaltet und verzinst. In der Freizeit-Phase erhält man dann den verzinsten höheren Stundenlohn ausbezahlt. Der Arbeitgeber wird das Zeitguthaben jedoch immer in Eurobeträge umrechnen und auch so verwalten.

Als Einzahlungen auf das Lebensarbeitszeitkonto kann man nutzen: Gehalt, Überstunden, Urlaubstage, Urlaubsgeld, Weihnachtsgeld, Leistungsprämien, Zuschüsse des Unternehmens, Tantiemen.

Der Vorteil des Zeitsparens besteht auch darin, dass die Mitarbeiter keine Steuern oder Sozialabgaben für das Lebensarbeitszeitkonto zahlen müssen. Erst in der Auszahlungsphase fallen Steuern und Abgaben an. Nutzt man das Wertguthaben dann als Übergang in die Rentenruhe, so greift zumindest bei gesetzlichen Krankenkassen schon der ermäßigte Satz.

Während der Freistellungsphase bleibt man pro forma weiter angestellt und genießt so weiter die Vorteile der Sozialversicherungen. Es fließen somit ebenfalls die Beiträge zur Rentenversicherung weiter.

Die angesparte Auszahlung darf nicht „unangemessen" über dem Durchschnittsentgelt liegen, das man die vorangegangenen zwölf Monate bezog. Als angemessen gelten Beträge zwischen 70 und 130 Prozent, und Vollzeitkräfte müssen mindestens auf Minijob-Niveau ausbezahlt werden (520 Euro im Monat). Arbeitszeitkonten müssen dazu vor Insolvenz geschützt sein.

Nachteil: Bei einem Jobwechsel, einer Firmenpleite oder bei einer Kündigung kann man das Guthaben zum neuen Arbeitgeber nur mitnehmen, soweit dieser das zulässt. Der neue Chef kann das bisher angesparte Guthaben übernehmen, ist dazu aber nicht verpflichtet. Dann können Zeitsparer das Guthaben jedoch auf die Deutsche Rentenversicherung übertragen lassen. Diese darf die Verwaltung nicht ablehnen. Allerdings darf man das Guthaben bei der Deutschen Rentenversicherung dann nicht weiter durch Einzahlungen aufstocken. Und es gilt eine Mindesthöhe für das Guthaben von 19 740 Euro West und 18 900 Euro Ost (Stand 2022).

Als anderer Ausweg bleibt dann eine Auszahlung des Guthabens. Das ist ohne Steuernachteile nur dann erlaubt, falls der neue Chef die Übernahme des alten Guthabens ablehnt.

Schlag des Schicksals: Die Schwerbehindertenrente

Um mit einer schweren körperlichen Einschränkung früher in Rente gehen zu dürfen, benötigt man einen Schwerbehindertenausweis. Abschläge können die Auszahlung mindern.

Die übliche Altersrente für Menschen mit einer Schwerbehinderung kommt nur dann für sie in Betracht, wenn sie zum Zeitpunkt des Rentenantrags mindestens einen Grad der Behinderung (GdB) von 50 vorweisen können und auf mindestens 35 Versicherungsjahre kommen. Dann dürfen Sie zwei Jahre vor der allgemeinen Regelaltersgrenze (zur Staffelung nach Jahrgängen siehe Seite 124) in den Ruhestand gehen. Sie müssen dann auch keine Abschläge in Kauf nehmen. Mit Abschlägen darf man auch noch drei Jahre früher gehen – aktuell frühestens mit 61 Jahren und vier Monaten. Auch hier steigen die Grenzen: Versicherte des Jahrgangs 1964 mit einer Schwerbehinderung sind die Ersten, die erst mit 65 Jahren ihre volle Rente ohne Abschläge beziehen können. Wer bis zu drei weitere Jahre früher ausscheiden möchte, muss mit den schon aus der Rente mit 63 bekannten Rentenabzügen von 0,3 Prozent monatlich rechnen (siehe Seite 153).

Der Grad der Behinderung (GdB) wird durch ein medizinisches Gutachterverfahren festgestellt. Reichen Sie dazu einen Antrag beim Versorgungsamt (oder einer nach Landesrecht gleichgestellten Behörde) ein.

Zeitpuffer einplanen. Um den Grad einer Behinderung (GdB) festzustellen, benötigen die zuständigen Ämter mindestens drei bis sechs Monate. Sie sollten also den Schwerbehindertenausweis möglichst zeitig vor dem eigentlich geplanten früheren Rentenstart in den Händen halten. Befundberichte Ihrer Ärzte sowie Entlassungsschreiben aus Reha-Kuren sind hierbei sinnvoll. Die Ämter entscheiden meist komplett nach Aktenlage. In der Beratung hierzu leisten Sozialverbände wie der VdK oder SoVD gute Dienste, ebenso Rentenberater oder Sozialrechtsanwälte.

Start der regulären Rente für Schwerbehinderte

Die Altersgrenze für die Rente ohne Abschläge steigt für schwerbehinderte Versicherte auf den 65. Geburtstag.

Geburtsjahrgang	Rentenalter (Geburtstag + Monate)	Start der Rente im Zeitraum
1958	64	01/2022–01/2023
1959	64 + 2 Monate	03/2023–03/2024
1960	64 + 4 Monate	05/2024–05/2025
1961	64 + 6 Monate	07/2025–07/2026
1962	64 + 8 Monate	09/2026–09/2027
1963	64 + 10 Monate	11/2027–11/2028
Ab 1964	65	Ab 1/2029 stets nach Vollendung des 65. Lebensjahres

Quelle: test.de

Bei einem Grad von mindestens 50 wird ein Schwerbehindertenausweis ausgestellt. Die gesundheitlichen Schädigungen können körperlicher, seelischer und geistiger Natur sein. Die Gutachter haben versorgungsmedizinische Grundsätze zu befolgen, die jeden Teil des Körpers erfassen, startend mit Kopf, Gesicht bis hin zu Haltungs- und Bewegungsorganen. Eine Herausforderung für die Gutachter ist es, die Symptome und Funktionseinschränkungen jedem einzelnen Fall entsprechend zuzuordnen und zu gewichten. Etliche Erkrankungen, die Behinderungen auslösen können, sind nicht aufgeführt. Dann wird man analog zu Erkrankungen eingestuft, die in etwa eine entsprechende Symptomatik und ähnliche Auswirkungen haben. Das kann zu Auseinandersetzungen führen.

Es werden auch mehrere Beeinträchtigungen nach ihrem Grad der Schädigungsfolgen (GdS) zusammengezählt und je nach ihrer Schwere und Auswirkungen gewichtet. Eine schwere Migräne (GdS 40) plus mittelgradiges Stottern (GdS 20) ergeben nicht unbedingt einen GdS 60, sondern können durch die Gutachter auch zu geringeren Werten führen.

Das zählt zur Schwerbehinderung

Bei der Beurteilung einer Schwerbehinderung werden körperliche, seelische und geistige Einschränkungen berücksichtigt. Hier eine Übersicht wichtiger Beispiele.

Art der Gesundheitsstörung	Grad der Schädigungsfolgen (GdS)
Verlust beider Beine	100 %
Verlust eines Daumens	25 %
Verlust eines Armes	80 %
Entzündlich-rheumatische Krankheiten mit geringen Auswirkungen, geringe Krankheitsaktivität	20–40 %
Neurodermitis mit generalisierten Hauterscheinungen, vor allem Gesichtsbefall	40 %
Diabetes (wenn eine Therapie Unterzuckerung auslösen kann und die Lebensführung beeinträchtigt ist)	20 %
Verlust der Gebärmutter und/oder Sterilität (in jüngeren Jahren bei bestehendem Kindeswunsch)	20 %
Harninkontinenz mit leichtem Harnabgang bei Belastung	0–10 %
Bluthochdruck, schwere Form mit Beteiligung mehrerer Organe	50–100 %
Krampfadern, unkompliziert, mit erheblicher Ödembildung und häufigen Entzündungen	20–30 %
Herzrhythmusstörungen ohne andauernde Leistungsbeeinträchtigung des Herzens	10–30 %
Tinnitus mit erheblichen psychovegetativen Begleiterscheinungen	20 %
Krebserkrankung nach Entfernen bösartiger Tumore	mind. 50 %
Psychische Erkrankungen mit erheblicher Einschränkung der Erlebnis- und Gestaltungsfähigkeit (z. B. ausgeprägte depressive, hypochondrische, phobische Störungen)	30–40 %
Migräne, mittelgradiger Verlauf	20–40 %

Quelle: DGB

„Ich kann nicht mehr!“ Erwerbsminderungsrente

Wer krank ist und wegen seiner Beeinträchtigung nur noch wenig arbeiten kann, hat Anspruch auf eine volle oder halbe Erwerbsminderungsrente.

Erwerbstätige, die dauerhaft krank sind und nicht mehr voll ins Berufsleben zurückkehren können, haben als gesetzlich Rentenversicherte den Anspruch auf eine Erwerbsminderungsrente (EM). Eine volle Erwerbsminderungsrente erhalten Sie jedoch nur, wenn Sie weniger als drei Stunden täglich irgendeiner Arbeit nachgehen könnten. Anderenfalls kommt eine Teilerwerbsminderungsrente oder die halbe Erwerbsminderungsrente in Betracht.

Zunächst sollten Sie jedoch als gesetzlich oder privat krankenversicherter Angestellter den Anspruch auf maximal 72 Wochen Krankengeld voll ausschöpfen. Danach kommen Reha-Maßnahmen in stationären Kliniken in die Auswahl. Hier ist die Rentenversicherung der Ansprechpartner, denn sie möchte prüfen, inwieweit Sie durch solche Maßnahmen der körperlichen und seelisch-geistigen Ertüchtigung wieder (voll) arbeitsfähig werden könnten. Das Gehalt zahlt in Form eines Krankengeldes oder Übergangsgeldes meist die Rentenkasse. Erst wenn auch diese Maßnahmen keine dauerhafte Besserung bringen, sollten Sie eine Erwerbsminderungsrente in Erwägung ziehen. Denn: Das Krankengeld ist in der Regel viel höher als die zu erwartende Erwerbsminderungsrente. Die Krankenkasse darf Sie auch nicht zwingen, die Rente schnell zu beantragen.

Um eine volle Erwerbsminderungsrente erhalten zu können, müssen Sie diese Voraussetzungen erfüllen:

- Sie müssen in einem Zeitraum von fünf Jahren, bevor die Erwerbsminderung eintrat, für mindestens drei Jahre lang Pflichtbeiträge an die Rentenkasse entrichtet haben.
- Sie müssen zudem auf mindestens fünf Jahre Beitragszeit insgesamt in der Rentenkasse kommen. Neben Arbeitszeiten zählen hierzu auch Kindererziehung, Pflege von anderen oder freiwillig gezahlte Rentenbeiträge.

Bei Arbeitsunfällen oder Berufserkrankungen sind die geforderten Mindestzeiten kürzer. Dasselbe gilt, wenn die Beschädigung beim Wehr- oder Zivildienst entstanden ist.

Wesentlich ist hierbei nicht, was gearbeitet wird, sondern ob Sie mit der Einschränkung noch mindestens drei Stunden täglich irgendetwas arbeiten könnten. Einem erkrankten Handwerker wird etwa zugemutet, dass er in einem Callcenter arbeitet. Er erhält dann keine Erwerbsminderungsrente.

Eine halbe Erwerbsminderungsrente gibt es, falls man noch zwischen drei und sechs Stunden täglich irgendeiner Tätigkeit nachgehen kann. Die Höhe dieser Teilerwerbsminderungsrente entspricht dann der Hälfte einer vollen EM-Rente. Für ältere Arbeitnehmer existiert noch ein soziales

So hoch ist die Erwerbsminderungsrente

Die volle Erwerbsminderungsrente bedeutet für viele eine deutliche finanzielle Einschränkung. Es gibt aber mehr Spielraum für einen möglichen Hinzuverdienst.

	Fall 1: 4 000 Euro[1)]	Fall 2: 3 500 Euro[1)]	Fall 3: 5 000 Euro[1)]	Fall 4: 3 000 Euro[1)]
Geburtsjahrgang	1962	1972	1982	1992
Alter bei Berufseinstieg	20	22	24	17
Überwiegender Arbeitsort	West	Ost	West	Ost
Volle EM-Rente (brutto)	1 374 Euro	1 261 Euro	1 804 Euro	1 309 Euro
Mtl. Hinzuverdienst 2022	525 Euro	525 Euro	525 Euro	525 Euro
Mtl. Hinzuverdienst 2023	1 485 Euro	1 485 Euro	1 485 Euro	1 485 Euro
Halbe EM-Rente (brutto)	687 Euro	631 Euro	902 Euro	655 Euro
Mtl. Hinzuverdienst 2022	3 288 Euro	2 998 Euro	4 110 Euro	2 570 Euro
Mtl. Hinzuverdienst 2023	2 971 Euro	2 971 Euro	2 971 Euro	2 971 Euro

1) Bruttomonatsgehalt
Quelle: smart-rechner; Berechnungen Stand 10/2022

Zusatz-Netz: Wer vor dem 2. Januar 1961 geboren ist, erhält eine Teilerwerbsminderungsrente auch dann, wenn er/sie nur noch eingeschränkt in einem ihrer Qualifikation entsprechenden Beruf arbeiten kann. In solchen Fällen wird oft gestritten, welche Tätigkeiten vergleichbar und zumutbar sind. Wird die Rentenzahlung abgelehnt, sollten Betroffene sich beraten lassen und Widerspruch einlegen.

Wer ab dem 2. Januar 1961 geboren ist, hat diesen Vorteil bei der Zumutbarkeit nicht mehr. Jüngere bekommen nur dann eine Erwerbsminderungsrente, wenn sie aus gesundheitlichen Gründen in gar keinem Beruf mehr tätig sein können. Ihre berufliche Qualifikation und bisherige Tätigkeit spielt dabei keine Rolle. Sie sollten besser eine private Berufsunfähigkeitsversicherung abschließen.

Über die EM-Rente befindet die Rentenversicherung. Auch hier gilt: Dokumentieren Sie die Einschränkungen ausführlich mit medizinischen Berichten und Befunden. Das betrifft vor allem die Ursache Nummer eins – psychische Erkrankungen vom Burn-out bis zu Depressionen.

Bei Berechnung der Höhe der EM-Zahlungen wird rechnerisch so getan, als hätten Sie bis zum Erreichen der regulären Altersgrenze weiter Beiträge gezahlt und dann werden Abschläge für die vorgezogene Zeit (0,3 Prozent für jeden vorgezogenen Monat, maximal aber nur 10,8 Prozent) einkalkuliert. Die frühestmögliche EM-Rente gibt es im Jahr 2023 für Versicherte, die 64 Jahre und 10 Monate alt sind. Ab 2024 steigt diese Grenze dann auf das Alter 65 an.

Ab dem Jahr 2023 soll sich auch für Bezieher von vollen Erwerbsminderungsrenten der Hinzuverdienst mehr lohnen: die Grenze soll von 6300 Euro auf nunmehr 17824 Euro im Jahr steigen. Bei halben EM-Renten ergäbe das sogar den neuen doppelten Grenzwert. Am besten lassen Sie sich die für Sie passenden Varianten mit halber und voller Erwerbsminderung plus Job von der Rentenversicherung einmal testweise ausrechnen.

→ Erwerbsminderungsrente: Was stünde mir zu?

Einen schnellen Überblick über Ihre bisher erreichte Erwerbsminderungsrente enthält auch die Renteninformation der Deutschen Rentenversicherung (DRV), die alle Versicherten ab dem 27. Lebensjahr jährlich postalisch zugeschickt bekommen.

Adieu Festanstellung! Statuswechsel und Rente

Mit einem beruflichen Wechsel zum Beispiel vom Angestelltendasein in die Selbstständigkeit können Sie mehr Freiräume für einen vorgezogenen Ruhestand nutzen.

Erst angestellt, dann selbstständig – mit dieser Umstellung Ihres Arbeitsmodells können Sie auch den Rentenstart oft viel flexibler handhaben. Eine Variante dabei ist der Statuswechsel zu Beginn der Laufbahn. Sie können dann die gezahlten Beiträge an die gesetzliche Rentenversicherung erstattet bekommen und anderweitig für den Ruhestand nutzen.

Voraussetzung ist, dass Sie einen anderen Beruf wählen und aus diesem Grund den Bezug zur Deutschen Rentenversicherung verlieren. Sie sind dann versicherungsfrei oder zumindest von der Versicherungspflicht befreit. Dazu gehören Menschen aus beispielsweise folgenden Berufssparten:

- Ärzte, Apotheker, Architekten, vereidigte Buchprüfer, Notare, Rechtsanwälte, Steuerberater, Steuerbevollmächtigte, Tierärzte, Wirtschaftsprüfer, Zahnärzte sowie selbstständige Ingenieure und Psychotherapeuten – alles Mitglieder berufsständischer Versorgungseinrichtungen, die von der Versicherungspflicht befreit sind
- Beamte und Richter
- Berufssoldaten
- beamtenähnlich Beschäftige (etwa Beschäftigte bei Stiftungen, Körperschaften, Spitzenverbänden, Arbeitsgemeinschaften)
- Geistliche, Kirchenbeamte, satzungsgemäße Mitglieder geistlicher Genossenschaften

Die Entscheidung zum Austritt aus der gesetzlichen Rentenversicherung muss meist in den beruflichen Anfangsjahren getroffen werden, denn es darf die Mindestversicherungszeit von fünf Jahren noch nicht erfüllt sein. Wie lange dann in dem neuen Berufsfeld gearbeitet wird und wie lange in einem Versorgungswerk Beiträge zur Altersvorsorge zu zahlen sind, hängt stark von individuellen Faktoren ab.

Man bekommt aber nur die Beiträge zurück, die man selbst eingezahlt hat. Das bedeutet zum Beispiel für Pflichtbeiträge, die während einer Beschäftigung gezahlt wurden, dass hiervon nur der Arbeitnehmeranteil zurückgezahlt wird. Gelder für empfangene Reha-Maßnahmen, Beiträge der Arbeitsagentur oder Beiträge vom Bund – etwa für Zeitsoldaten – werden nicht erstattet.

Beiträge zurück gibt es in vielen Fällen auch, sobald Sie Deutschland verlassen und in einem neuen Land mit einem neuen Job starten. Dann gilt für Sie das Sozialrecht des neuen Landes. Wie lange Sie den Job dort vor einem geplanten früheren Ruhestand ausüben, entscheiden Sie selbst.

Der Wechsel vom Angestelltendasein in eine Selbstständigkeit kann ebenso neue Perspektiven im Hinblick auf den Jobausstieg eröffnen: Die Arbeitsagentur übernimmt die Kosten für eine Umschulung bei Jobwechsel auch mit der Perspektive einer Selbstständigkeit als Freiberufler oder als Unternehmer. Dabei erhält man meistens noch Arbeitslosengeld, Übergangsgeld sowie Kindergeld.

“ Die Arbeitsagentur übernimmt die Kosten für eine Umschulung bei Jobwechsel.

Hinzu kommen weiter spezielle Stipendien und Förderprogramme für Neu-Selbstständige oder Start-ups auf kommunaler und Landesebene, die sich oft an Leistungen der Arbeitsagentur anschließen. Auch diese Programme lassen sich für einen sanften Übergang in den Ruhestand nutzen, um sich beruflich von Angestellten-Zwängen zu befreien und letztlich die Arbeitsbelastung eigenverantwortlich nach Geschmack stark herunterzufahren.

Zunehmender Beliebtheit erfreut sich auch der Statuswechsel vom Mitarbeiter zum Studenten. Die Zeit lässt sich zur beruflichen und interessenmäßigen Neuorientierung genauso gut nutzen wie für einen sanften Ausstieg aus dem Job-Alltag. In vielen Fällen müssen ältere Semester als Interessierte und „Gasthörer“ dazu nicht einmal ein bestandenes Abitur als Eintrittskarte vorlegen und sie müssen auch keine Prüfungen ablegen. Wer das Zeugnis seiner Hochschulreife mitbringt, darf sich natürlich auch ganz normal für ein Voll-Studium mit Prüfungen einschreiben. Eine generelle Altersgrenze existiert nicht, aber manche Universitäten definieren 55 als höchstes Zugangsalter zu einem Voll-Studium. Einige Bundesländer verlangen Studiengebühren von mehreren Hundert Euro pro Semester. Dafür gibt es auch für ältere immatrikulierte Voll-Studenten etliche Vorteile mit dem Studenten-Ausweis von vergünstigten Finanzen bis hin zum Einkauf. Wie ernsthaft und aufwendig Sie das Studium betreiben, ist Ihre Sache. Das Schlimmste, was passieren kann, ist, dass Sie die geforderten Prüfungen nicht bestehen und nach ein paar Semestern um viele Erfahrungen reicher den Studenten-Status wieder verlieren.

Lieber unter Palmen: Renten-Flucht ins Ausland

Ein Wohnort außerhalb Deutschlands kann den vorgezogenen Ruhestand erleichtern. Auch die Deutsche Rentenversicherung überweist später in mehr als 150 Länder ihr Ruhegeld.

Ein Lebensabend im Warmen kann den Traum von einem frühen Ausstieg aus dem Job ermöglichen. Der Grund sind die oftmals wesentlich niedrigeren Lebenshaltungskosten in südlichen Ländern. In der Folge benötigt man weniger Erspartes, um sich einen Abschied aus dem Arbeitsleben vor der gesetzlichen Rente leisten zu können. Und hat man dann das Rentenalter nach den Vorschriften des deutschen Sozialrechts erreicht, dann überweist die deutsche Rentenkasse das Ruhegeld auch in beinahe alle Länder der Erde.

Das Statistische Bundesamt vergleicht jeden Monat die Lebenshaltungskosten in Europa und kommt zu dem Schluss, dass man in Bulgarien, Rumänien, Nordmazedonien sowie in der Türkei nur halb so viel Geld für einen vergleichbaren Lebensstandard benötigt. In der Türkei und Nordmazedonien kommen jedoch noch beträchtliche Währungsrisiken hinzu, die man im Euro-Raum ja nicht hat. Größere Einsparungen zwischen 30 und 40 Prozent ergeben sich auch, wenn man Litauen, Kroatien oder Ungarn als Aufenthaltsort wählt. Nur ein wenig günstiger als in Deutschland lebt man hingegen in Italien (sieben Prozent Einsparung) und Spanien (neun Prozent Einsparung). In Portugal und in Griechenland als mittlerweile recht wohlhabende Mitgliedsländer der Euro-Zone spart man sich aber immerhin schon ein Fünftel der deutschen Kosten.

Für die Ermittlung der Kaufkraftparitäten verwenden die Statistiker Endverbraucherpreise für mehrere Tausend Waren und Dienstleistungen. Alle Güter und Dienste, die den gemeinsamen Warenkorb füllen, werden in einem europaweiten Verfahren unter dem Gesichtspunkt der internationalen Vergleichbarkeit sowie der Repräsentativität ausgewählt. Dazu zählen aber auch in einem Land besonders lokal verbreitete Spezialitäten, die eher dem dortigen Konsumverhalten entsprechen als dem deutschen.

Einen internationalen Vergleich der besten Länder für den Ruhestand liefert alljährlich der aufwendig zusammengestellte Index des US-Magazins „International Living". Dabei werden zehn Kriterien von Lebens-

Günstig und gut leben im Ruhestand

Der Global Retirement Index vergleicht die Kosten und den Lebensstandard von 26 Ländern weltweit im Hinblick auf einen Ruhestand. Hier die Top 20.

Land	Index-Wert (max. 100)	Land	Index-Wert (max. 100)
Panama	86,1	**Thailand**	72,9
Costa Rica	85,1	**Irland**	72,7
Mexiko	83,8	**Peru**	72,5
Portugal	83,3	**Kambodscha**	72,3
Ecuador	83,1	**Malaysia**	72,0
Kolumbien	81,7	**Bali**	69,0
Frankreich	78,3	**Sri Lanka**	68,9
Malta	75,7	**Vietnam**	68,3
Spanien	75,3	**Italien**	67,3
Uruguay	74,6	**Belize**	67,1

Quelle: International Living 2022

haltungskosten, Wohnen, Klima über Gesundheitsversorgung bis hin zur Bewertung der Regierungsarbeit von einem Netzwerk von Informanten vor Ort ermittelt. Den höchsten Indexwert errang 2022 Panama mit 86,1 von 100 möglichen Punkten. Die Sicherheit und das Klima werden dort für Ältere gelobt, ebenso das günstige Leben (zum Beispiel 35 Cent für eine U-Bahn-Fahrt). In der internationalen Nummer zwei, Costa Rica, ließe es sich zu zweit laut dem Vergleich schon gut mit einem Budget zwischen umgerechnet 1800 und 2300 Euro pro Monat leben. Den vierten Platz erklomm das erste europäische Land, Portugal.

Im Zweifel bis in die Südsee überweist die Deutsche Rentenversicherung die Ruhegelder. Jedes Jahr fließen rund 1,8 Millionen Renten in über 150 Länder der Welt. Die Empfängerinnen und Empfänger sind sowohl Deutsche, die im Ausland leben, sowie auch Menschen anderer Nationalitäten, die in Deutschland gearbeitet und hier einen Rentenanspruch erworben haben.

Grundsätzlich gilt: Jeder Staat zahlt jedoch seine Rente selbst aus. Je nachdem, wo Sie leben, zählen für die Berechnung des Rentenanspruchs aber deutsche und ausländische Zeiten zusammen. Das ist wichtig, falls Sie also als Früher-Rentner vor Erreichen der eigentlichen deutschen Altersgrenze ins Ausland umsiedeln. Es kann je nach Land sein, dass Sie sich dort in dem landesspezifischen Rentensystem neu versichern müssen, dass Sie gar nichts zahlen müssen oder dass Sie sich freiwillig in Deutschland weiter versichern können. Den Rentenantrag stellen Sie dann in dem Land, in dem Sie wohnen. Dazu genügt oft ein einziger Antrag, der in- und ausländische Renten gemeinsam erfasst. Den Rest erledigen die Rentenkassen untereinander.

Weil die Rente nachgelagert besteuert wird, also bei Auszahlung, ist es relevant, welcher Steuersatz für Sie im Ausland gilt. Griechenland zum Beispiel umwirbt deutsche Ruheständler als neue Dauer-Einwohner mit nur sieben Prozent Steuersatz. Zum Vergleich: In Deutschland muss man seine Rente ab bestimmten Schwellenwerten mit zirka 20 bis 40 Prozent versteuern (siehe auch Interview Seite 149 f.).

Eine Steuerauskunft erhalten alle Ruheständler im Ausland zentral im Finanzamt Neubrandenburg, Tel. 03 95/44 22 47 000; E-Mail: ria@finanzamt-neubrandenburg.de. Um eine doppelte Besteuerung zu vermeiden, hat Deutschland mit vielen Ländern Doppelbesteuerungsabkommen (DBA) abgeschlossen, über die man Sie hier gerne aufklärt.

„Eine Rente für Wärmesuchende"

Olga Jafiriadis hat griechische Wurzeln und arbeitet als Rentenexpertin und stellvertretende Teamleiterin im Bereich Auslandsrenten bei der Verbindungsstelle Griechenland in der Deutschen Rentenversicherung Baden-Württemberg.

Wie kann man sich als Ruheständler seine Rente nach Griechenland überweisen lassen?
Jeder Rentner kann sich seine Rente nach Griechenland überweisen lassen. Der Betreffende muss uns über diesen Wunsch informieren. Wir senden ihm dann ein Formular zu, in dem er seine neue Bankverbindung angibt. Diese Bankverbindung muss dann von der griechischen Bank bestätigt werden. Anschließend muss dieses Formular an die Rentenversicherung zurückgesandt werden. Wir stellen dann die Zahlung um.

Gibt es auch einen anderen Weg?
Ja, denselben Service bietet auch die Deutsche Post mit der Niederlassung Rentenservice an. Die geforderten Unterlagen sind aber immer dieselben.

Wie lange dauert die Umstellung, bis die Rente in Griechenland ankommt?
Ich würde einen Puffer von einem bis zwei Monaten einkalkulieren. Und mein ganz wichtiger Tipp: Das alte Konto nicht auflösen, bis sich alles regulär mit der Überweisung ins Ausland eingespielt hat.

Wie muss man vorgehen, wenn man im Ruhestand dauerhaft nach Griechenland umziehen möchte?
Diese Absicht muss uns oder dem Rentenservice unter Angabe der neuen Adresse schriftlich mitgeteilt werden. Falls sich auch das Konto, auf das die Rente gezahlt werden soll, ändert, muss auch dies wie bereits geschildert mitgeteilt werden. Der Rentner muss sich darauf einstellen, dass von ihm zukünftig einmal jährlich eine Lebensbescheinigung gefordert wird.

Was hat es mit dieser Lebensbescheinigung auf sich?
Der Rentenservice verschickt einmal jährlich – in der Regel zusammen mit der Rentenanpassungsmitteilung – ein Formular, auf dem von einer Behörde bestätigt werden muss, dass der Rentner noch am Leben ist. Dies ist notwendig, da wir sonst unter Umständen nicht mitbekommen, dass ein Rentner verstorben ist. Die Rente würde dann zu Unrecht weiter überwiesen werden.

Und falls Sie nichts hören?
Der Rentenservice stoppt dann die Rentenzahlungen. Sobald die bestätigte Lebensbescheinigung eingeht, wird die Zahlung wieder aufgenommen und die einbehaltenen Beträge werden nachgezahlt.

Welche Motivation haben Rentner, sich ihr Ruhegeld nach Griechenland überweisen zu lassen?
Der überwiegende Anteil sind sogenannte Gastarbeiter, die im Alter in ihre Heimat zurückkehren. Die Nachfahren der zweiten und dritten Generation hier in Deutschland tun dies meist nur für ein paar Monate, bleiben aber sonst in Deutschland. Und dann gibt es natürlich auch die Wärmesuchenden, die gerne im Alter dauerhaft Urlaub machen wollen.

Wie kompliziert wird es, wenn man nur wenige Monate in Griechenland verbringen möchte – etwa zum Überwintern?
Die meisten belassen dann ihr Konto in Deutschland, weil die Umstellung nach Griechenland zu lange dauern würde. Das ist dann nicht weiter kompliziert. Wenn man sich jedoch überwiegend in Griechenland aufhalten will, ist wohl eher von einem dauerhaften Wohnsitz in Griechenland auszugehen, sodass dies uns gemeldet werden müsste. Im Zweifel sollte man sich vorher bei der Rentenversicherung informieren. Auch sollte man sicherheitshalber bei seiner zuständigen Krankenkasse anfragen, wie es sich mit dem Krankenversicherungsschutz verhält.

Im Ruhestand könnte das Thema Pflege wichtig werden. Wie ist die Situation in Griechenland?
Dort gibt es keine klassische Pflegeversicherung wie in Deutschland. Ob und inwieweit die deutsche Pflegekasse Leistungen nach Griechenland gewährt, müsste der Betreffende über seine Pflegekasse klären.

Was ist Ihr persönlicher Rat für alle, die mit dem Gedanken spielen, einmal im Alter nach Griechenland auszuwandern?
Informieren Sie uns rechtzeitig, damit die Umstellung der Rente reibungslos klappt und keine Zahlungslücken entstehen. Denken Sie auch daran, dass die Postverteilung in Griechenland – insbesondere in den Dörfern – manchmal länger dauert, also planen Sie besser ein paar Wochen mehr Zeit ein, um Schriftstücke zu erhalten und zu versenden.

Früher in Rente – Fazit und Ausblick

Jetzt sind Sie am Zug: Auf welchen Weg in einen selbstbestimmten Lebensabschnitt ohne Arbeitsverpflichtung in einem Job wollen Sie sich begeben?

Am Anfang stand ein Traum: vielleicht von viel Ruhe und Erholung im eigenen Garten oder am Palmenstrand, ein Wunsch von neuen Hobbys und Begegnungen oder von der Entdeckung neuer Horizonte ohne Zeitdruck. Dieser Ratgeber möchte Ihnen Mut machen, um eine Entscheidung für einen früheren Ruhestand mit all diesen Möglichkeiten zu treffen. Nicht aus einem Bauchgefühl heraus oder aus einer Laune, sondern weil Sie nach der Lektüre die Vor- und Nachteile wohl abwägen können und weil Sie nun bereit sind, die Voraussetzungen für einen neuen Lebensabschnitt zu schaffen.

Natürlich ist es leichter, ein solches Projekt erst mit 63 umzusetzen als schon mit 45. Doch die Mechanismen bleiben ähnlich: Stellen Sie sich frühzeitig Ihrem privaten Kassensturz und stecken Sie darauf realistische Ziele ab, die auch erreichbar erscheinen. Eine frühe Rentenplanung verlangt ebenso die intensivere Auseinandersetzung mit den eigenen Bedürfnissen.

Nehmen Sie aus diesem Ratgeber die Erkenntnis mit, dass sich diese Ansprüche in Ruhestand und vorgerücktem Alter ändern werden, und das ist auch gut so. Ob Ihr Absprung aus den Routinen der Arbeitswelt ein paar Jahre früher oder später glückt, spielt dabei keine so wichtige Rolle. Verlieren Sie nur Ihr Ziel nicht aus den Augen! Ein gewisses privates Engagement im Hinblick auf Ihre finanzielle Altersvorsorge sollten Sie dazu schon entwickeln wollen, doch erfordert dies heute beileibe keine komplizierte „Raketen-Wissenschaft" mehr: Die Methoden und Techniken für einen längerfristigen Vermögensaufbau zum Lebensunterhalt sind mittlerweile verblüffend einfach und praktisch für jedefrau/jedermann nutzbar. So bietet auch ein früher Rentenstart einen sehr entspannten Ausblick.

Hilfe

Adressen

Deutsche Rentenversicherung Bund
Sie berät kostenlos in vielen Fragen rund um den Ruhestand.
10704 Berlin
Telefon 0800 1000 4800
deutsche-rentenversicherung.de

Bundesverband der Rentenberater
Berufsorganisation der privat und gegen Honorar tätigen Rentenberater
Kaiserdamm 97
14057 Berlin
Telefon 030 6272 5502
rentenberater.de

Sozialverbände

Diese unterstützen Mitglieder gegen einen jährlichen Mitgliedsbeitrag zum Beispiel beim Stellen eines Rentenantrags oder bei der Formulierung eines Widerspruchs.

Sozialverband Deutschland
Stralauer Straße 63
10179 Berlin
Telefon 030 7262 220
sovd.de

Sozialverband VdK
Linienstraße 131
10115 Berlin
Telefon 030 9210 5800
vdk.de

Vorgezogener Rentenstart mit Abzügen

Die Altersgrenze für Schwerbehinderte für einen früheren Rentenstart mit Abschlägen steigt auf 62 (siehe auch Seite 139).

	Fall 1: 1 Jahr früherer Rentenbezug mit 3,6 % Abschlag		Fall 2: 2 Jahre früherer Rentenbezug mit 7,2 % Abschlag		Fall 3: 3 Jahre früherer Rentenbezug mit 10,8 % Abschlag	
Geburtsjahrgang	**Rentenalter (Geburtstag + Monate)**	**Start der Rente im Zeitraum**	**Rentenalter (Geburtstag + Monate)**	**Start der Rente im Zeitraum**	**Rentenalter (Geburtstag + Monate)**	**Start der Rente im Zeitraum**
1958	63	01/2021–01/2022	Nicht möglich	Nicht möglich	Nicht möglich	Nicht möglich
1959	63 + 2 Monate	03/2022–03/2023	62 + 2 Monate	03/2021–03/2022	Nicht möglich	Nicht möglich
1960	63 + 4 Monate	05/2023–05/2024	62 + 4 Monate	05/2022–05/2023	61 + 4 Monate	05/2021–05/2022
1961	63 + 6 Monate	07/2024–07/2025	62 + 6 Monate	07/2023–07/2024	61 + 6 Monate	07/2022–07/2023
1962	63 + 8 Monate	09/2025–09/2026	62 + 8 Monate	09/2024–09/2025	61 + 8 Monate	09/2023–09/2024
1963	63 + 10 Monate	11/2026–11/2027	62 + 10 Monate	11/2025–11/2026	61 + 10 Monate	11/2024–11/2025
Ab 1964	64	01/2028–01/2029	63	01/2027–01/2028	62	01/2026–01/2027

Quelle: test.de

Checkliste der Vermögenswerte

Es lohnt sich zu überprüfen, ob bestimmte Vermögenswerte oder Ansprüche bestehen, die Sie für Ihre Rente nutzen könnten (siehe auch Seite 34 ff.).

Art des Vermögenswertes	Was genau steckt dahinter?	Wo gibt's Informationen?
Aktien	Anteile von Firmen	Bank, Depotbank, Online-Broker, Herausgeber der Aktien
Bausparverträge	Sparvorgang von Anlegern mit einer Bausparkasse	Einzahler, Bausparkasse
Betriebsrente	Zusatzrente, die teils oder ganz vom Betrieb gezahlt wird	Firmen, Pensions-Sicherungs-Verein
ChemieRente	Form der Betriebsrente, speziell für Beschäftige der Chemie-, Bau- und Energiebranche	Arbeitgeber, Gewerkschaft IG BCE
Direktversicherung	Form der betriebliche Altersversorgung/ Betriebsrente	Arbeitgeber, Versicherung
Direktzusage	Ruhegeld, das die Firma selbst zahlt	Arbeitgeber, Pensions-Sicherungs-Verein
Erbschaft	Vermögen, das man im Zuge eines Erbes erhält	Erblasser, Amtsgericht, Notar
Erwerbsunfähigkeitsrente	Rente, die gezahlt wird, falls überhaupt keine Erwerbstätigkeit mehr ausgeübt werden kann	Deutsche Rentenversicherung, Bund, Länder und Kommunen, Versorgungswerke, Arbeitgeber, private Lebensversicherungen
Erziehungsrente	Rente, die geschiedene Eltern erhalten, falls der andere Elternteil stirbt	Deutsche Rentenversicherung, Familiengericht

Art des Vermögenswertes	Was genau steckt dahinter?	Wo gibt's Informationen?
ETF (Exchange Traded Funds)	Börsengehandelter Fonds, der meist einen Index (z. B. DAX) nachbildet	Fondsgesellschaft, Bank, Depotbank, Online-Händler
Fonds	Bündel aus Aktien und/oder Anleihen	Fondsgesellschaft, Bank, Depotbank, Online-Broker, Herausgeber der Fonds
Gesetzliche Rente	Staatliches System der Altersvorsorge, vor allem für Beschäftigte	Deutsche Rentenversicherung
Girokonto	Transaktionskonto für regelmäßige Geldflüsse	Bank
Gold	Handelbares Edelmetall, auch als Wertpapier	Händler, Börse, gold.de
Immobilien	Häuser, Wohnungen, Grundstücke, Gewerbeflächen	Grundbuchamt, Anwälte, Firmen
Kapitallebensversicherung	Kombination aus Risikolebensversicherung bei Tod und Sparvorgang	Versicherung, Einzahler
KlinikRente	Form der Betriebsrente, speziell für Beschäftige der Gesundheitsbranche	Arbeitgeber, Träger-Versicherungen (Allianz, Condor, Dt. Ärzteversicherung, R+V, Swiss Life)
Liquide Mittel	Guthaben und Geldbestände, die sofort zur Verfügung stehen	Angehörige, Versteck zu Hause (Safe), Bank (Schließfach, Girokonto, Tagesgeldkonto)
Markenrechte	Kennzeichenrecht, das Bezeichnungen von Produkten im Geschäftsverkehr schützt	Dt. Patent- und Markenamt; Amt der Europäischen Union für geistiges Eigentum (EUIPO), Weltorganisation für geistiges Eigentum (WIPO)
MetallRente	Form der Betriebsrente, speziell für Beschäftige der Metall- und Elektrobranche	Arbeitgeber, Gewerkschaft IG Metall

Art des Vermögenswertes	Was genau steckt dahinter?	Wo gibt's Informationen?
Patentrechte	Gewerbliches Schutzrecht für Gebrauchsmuster oder technische Erfindungen	Dt. Patentamt, Europ. Patentamt, Patentanwälte, Firmen
Pension	Ruhegehalt für Personen, die ehemals in einem öffentlich-rechtlichen Dienst- oder Amtsverhältnis standen	Bund, Land, Kommune, Arbeitgeber/Dienstherr
Pensionsfonds	Form der betrieblichen Altersversorgung/Betriebsrente	Arbeitgeber, Pensions-Sicherungs-Verein, Bundesanstalt für Finanzdienstleistungsaufsicht (BaFin)
Pflegerente	Zusatzrente für ehrenamtlich Pflegende	Deutsche Rentenversicherung, Pflegeversicherung
Riester-Rente	Privat finanzierte Zusatzrente mit Zulagen und Steuervorteilen	Bank, Versicherung, Fondsgesellschaft, Pensionskasse, Pensionsfonds, Bausparkasse
Risikolebensversicherung	Schutz für Hinterbliebene bei Tod des Versicherten	Versicherung, Einzahler, Begünstigte
Rohstoffe	Natürliche Ressource, die meist für Waren verwendet wird	Warenbörse, Bank, Händler
Rürup-Rente	Privat finanzierte Zusatzrente mit Zulagen und Steuervorteilen vor allem für Selbstständige	Versicherung, Fondsgesellschaft
Sammlerstücke	Von Auto bis Kunst: alles von Wert, was sich sammeln lässt	Sammlerbörsen, Versicherungen, Kleinanzeigen, Museen, Auktionshäuser
Sofortrente	Regelmäßige Auszahlung gegen Einzahlung eines Einmalbetrages	Versicherung, Bundesanstalt für Finanzdienstleistungsaufsicht (BaFin)
Tantiemen	Erfolgsabhängige Vergütungen oder Beteiligungen	GEMA, VG Wort, Unternehmen

Art des Vermögenswertes	Was genau steckt dahinter?	Wo gibt's Informationen?
Unfallrente	Leistung der gesetzlichen oder privaten Unfallversicherung	Deutsche Rentenversicherung, Berufsgenossenschaft, Versicherung
Unterstützungskasse	Form der betriebliche Altersversorgung / Betriebsrente	Arbeitgeber, Pensions-Sicherungs-Verein; Vereinsregister, Stiftungs-Aufsicht
Urheberrechte	Rechte und Schutz von geistigem Eigentum	GEMA, VG Wort, Unternehmen (wie Verlage, Musikindustrie)
Versorgungsausgleich	Bei Scheidung vorgenommener Ausgleich von Rentenansprüchen, die während einer Ehe erworben wurden	Deutsche Rentenversicherung, Bund, Länder und Kommunen, Versorgungswerke, Arbeitgeber, private Lebensversicherungen
Versorgungswerk	Berufsständische Altersvorsorge (z. B. für Ärzte, Wirtschaftsprüfer)	Einzelnes Versorgungswerk, Arbeitsgemeinschaft berufsständischer Versorgungswerke
Waisenrente	Rente, die bei Tod des Rentenbeziehers an dessen Kinder oder Angehörige gezahlt wird	Deutsche Rentenversicherung, gesetzliche Unfallversicherung
Witwen-/Witwerrente	Ruhegeld für den Hinterbliebenen eines verstorbenen Ehepartners	Deutsche Rentenversicherung
Zinsanlagen	Zusatzeinkommen durch Überlassung von Kapital für einen bestimmten Zeitraum	Bank, Versicherung, Unternehmen, Staaten, sonstige Zinsgeber
Zusatzversorgung	Ergänzende Altersversorgung der Arbeitnehmer im öffentlichen Dienst	Versorgungsanstalt des Bundes und der Länder, Zusatzversorgungskassen, eigene Sparkasseneinrichtungen

Stichwortverzeichnis

L, M, N

O, P

R

S

T, U, V

W, Z

Die Stiftung Warentest wurde 1964 auf Beschluss des Deutschen Bundestages gegründet, um dem Verbraucher durch vergleichende Tests von Waren und Dienstleistungen eine unabhängige und objektive Unterstützung zu bieten.

Wir kaufen – anonym im Handel, nehmen Dienstleistungen verdeckt in Anspruch.

Wir testen – mit wissenschaftlichen Methoden in unabhängigen Instituten nach unseren Vorgaben.

Wir bewerten – von sehr gut bis mangelhaft, ausschließlich auf Basis der objektivierten Untersuchungsergebnisse.

Wir veröffentlichen – anzeigenfrei in unseren Büchern, den Zeitschriften test und Finanztest und im Internet unter www.test.de

Der Autor: Matthias Kowalski ist Journalist aus Leidenschaft. Zahlen, Trends und Märkte faszinieren ihn seit seiner Zeit im Gründungsteam des Nachrichtenmagazins FOCUS. Das Wirtschaftsressort ist sein berufliches Zuhause. Er schreibt mit Transparenz und Durchblick zu verbrauchernahen Themen wie Rente, Pflege, Krankenversicherung, Geldanlage. Außerdem gibt er sein Wissen rund ums Texten auch als Lehrbeauftragter für Journalismus unter anderem an der TU Hamburg weiter.

Stiftung Warentest
Lützowplatz 11–13
10785 Berlin
Telefon 0 30/26 31–0
Fax 0 30/26 31–25 25
www.test.de
email@stiftung-warentest.de

USt-IdNr.: DE136725570

Vorstand: Hubertus Primus
Weitere Mitglieder der Geschäftsleitung:
Dr. Holger Brackemann, Julia Bönisch,
Daniel Gläser

Programmleitung: Niclas Dewitz

Autor: Matthias Kowalski
Projektleitung: Alexandra Germann
Lektorat: Heike Plank
Korrektorat: Susanne Reinhold
Fachliche Unterstützung: Katharina Henrich, Max Schmutzer, Theodor Pischke
Titelentwurf: Josephine Rank, Berlin
Layout: Büro Brendel, Berlin
Grafik, Satz, Bildredaktion, Infografiken: Annett Hansen, Berlin
Bildnachweis: GettyImages/E+ (Titel); Inhalt: Gettyimages: travenian (S. 8), Blend Images/Pete Saloutos (S. 28), Caroline Woodham (S. 54), Ken-Canning (S. 78), Tetra Images-John Kelly (S. 112), Dejan Mijovic/EyeEm (S. 134), lushik (S. 2/3)

Produktion: Vera Göring
Verlagsherstellung: Rita Brosius (Ltg.), Romy Alig, Susanne Beeh
Litho: tiff.any, Berlin
Druck: DCM Druck Center Meckenheim GmbH

ISBN: 978-3-7471-0571-9

Wir haben für dieses Buch 100% Recyclingpapier und mineralölfreie Druckfarben verwendet. Stiftung Warentest druckt ausschließlich in Deutschland, weil hier hohe Umweltstandards gelten und kurze Transportwege für geringe CO_2-Emissionen sorgen. Auch die Weiterverarbeitung erfolgt ausschließlich in Deutschland.